ellermann

Wir danken Bärbel Oftring für die fachliche Beratung.

Originalausgabe
1. Auflage
© 2020 Dressler Verlag GmbH,
Max-Brauer-Allee 34, 22765 Hamburg
ellermann im Dressler Verlag GmbH · Hamburg
Alle Rechte vorbehalten
© Text: Petra Maria Schmitt und Susanne Orosz
© Einband und Illustrationen: Heike Vogel
Zitat auf den Seiten 17, 21, 22: Auszug aus dem Lied
»Mein kleiner grüner Kaktus« von den Comedian Harmonists,
Text von Hans Herda (1934)
Lektorat: Claudia Müller
Reproduktion: Domino Medienservice, Lübeck
Druck und Bindung:
SIA Livonia Print, Ventspils iela 50, LV-1002, Riga, Lettland
Printed 2020
ISBN 978-3-7707-0090-5

www.ellermann.de

Petra Maria Schmitt · Susanne Orosz

Warum leben Meerschweinchen nicht im Meer?

Vorlesegeschichten für neugierige Kinder

Mit Bildern von Heike Vogel

ellermann im Dressler Verlag GmbH · Hamburg

Inhalt

Warum leben Meerschweinchen nicht im Meer?

Lona steht auf dem Treppenabsatz und schnauft. Wie schwer ihr Rucksack ist! Kein Wunder. Alle Bücher, die Lona im Urlaub dabeihatte, sind drin. Und außerdem noch die Taucherbrille und ein ganzer Eimer voll Muscheln.

Zum Glück hat Lona es gleich geschafft. Sie geht weiter, bleibt dann aber wie angewurzelt vor ihrer Wohnung stehen. Sonderbar! Über dem Türknauf klebt ein leuchtend gelber Zettel, und darauf ist ein zottiges, weiß-grau geflecktes Tier gezeichnet. Das Tier ist eindeutig Lonas Meerschweinchen Molly.

Weil Lona keinen eigenen Garten hat, wohnt Molly bei Lynn. Lynn ist Lonas beste Freundin und hat ebenfalls ein Meerschweinchen: Mo. Auch weil Meerschweinchen immer mit anderen zusammenwohnen und reichlich Auslauf haben sollten, hat Lona Molly bei Lynn untergebracht. Füttern, den Stall sauber halten und mit den Meerschweinchen spielen – das alles machen Lynn und Lona gemeinsam. Und wenn eine von beiden in den Urlaub fährt, kümmert sich die andere um die Tiere.

»Kannst du mir sagen, was da steht?« Lona hält Mama, die gerade mit zwei Koffern die Treppe hochkommt, den Zettel hin.

Mama runzelt die Stirn. »Der ist ja von Lynn.« Grinsend liest sie vor, was Lonas Freundin geschrieben hat: »Lo-na, kooom rüba. Wir haam meeer swainken.«

»Molly wird doch nichts passiert sein?«, flüstert Lona. »Am besten gehe ich gleich rüber.«

»Bitte hilf uns erst, die Sachen raufzutragen. Molly ist nichts passiert. Sonst hätte Lonas Mama uns garantiert angerufen.«

»Na gut«, sagt Lona und rennt wieder nach unten.

Kurz darauf ist sie auf dem Parkplatz und greift sich Isomatten und Campingkocher, die Papa neben die Vorderräder vom Campingbus gestellt hat. Lonas Herz pocht aufgeregt, als sie wieder auf das Haus zuläuft. Und wenn Molly bei Gewitter im Garten war und sich erkältet hat? Aber nein! Lynn würde Molly und Mo niemals bei Regen in den Auslauf im Garten lassen.

Oben hat Mama schon den gepunkteten Sonnenhut und den Mandelriegel auf dem Küchentisch zurechtgelegt. Beides sind Geschenke für Lynn, die Lona ihr aus Spanien mitgebracht hat. Zum Dank dafür, dass sie sich drei Wochen lang um Molly gekümmert hat.

»Da bist du ja endlich!« Lynn drückt Lona fest an sich. »Hast du meine Nachricht bekommen?«

»Lynn, was ist mit Molly los?«

Lynn verdreht die Augen. »Meeeeeerschweinchen!«, flüstert sie geheimnisvoll. »Hast du dich eigentlich nie gefragt, warum die Meerschweinchen *Meeeeerschweinchen* heißen?«

12

»Lynn, bitte lass den Quatsch. Ich mach mir wirklich große Sorgen.«

Lynn zieht Lona mit sich durch das Wohnzimmer hinaus auf die Terrasse. Im Auslauf, den Lynn und Lona aus Kaninchendraht auf der Wiese angelegt haben, sitzt Mo im Schatten einer Birke und mümmelt an einem Gurkenstückchen. Von Molly fehlt jede Spur.

»Was ist mit Molly? Sag mir sofort, wo sie ist.« Lonas Stimme ist vor Aufregung ganz piepsig.

Lynn lächelt. »Loni, jetzt beruhig dich.«

Sie legt Lona die Hände auf die Schultern und schiebt sie zum Meerschweinchenstall. Die schicke Villa aus rosa bemaltem Sperrholz haben die Freundinnen zusammen mit Lynns Mama gebaut. »Ich hab dir doch alles genau aufgeschrieben«, sagt Lynn. »Wir haben mehr Schweinchen.«

»Lass endlich den Quatsch. Natürlich haben wir Meerschweinchen.« Lona klappt die eine Dachhälfte vom Stall hoch.

»Mensch, Loni. Jetzt denk mal nach: *mehr Schweinchen*. Das sagt schon der Name: *Meer*schweinchen! Aus zwei mach vier.

Meerschweinchen vermehren sich. Deshalb heißen sie so, weil sie immer mehr werden.«

»Aber …?« Bevor Lona weitersprechen kann, hat sie Molly entdeckt. Ihr Meerschweinchen hat sich in die Ecke neben der kleinen Treppe gemütlich ins Stroh gekuschelt. Molly reckt ihre weiße Schnauze und schnuppert, als Lona ihr vorsichtig die Hand hinhält.

»Meine süße Molly!«, flüstert Lona erleichtert. »Na komm!«

Molly erkennt Lona sofort am Geruch und kommt aus ihrem Nest gekrochen. Genau in dem Moment wuseln links und rechts von Molly zwei kleine graue Wolken aus dem Stroh und flitzen mit Karacho um den Futternapf.

»Oh nein, sind die niedlich! Wo kommen die denn her?«, will Lona wissen.

»Aus Mollys Bauch natürlich«, antwortet Lynn, als hätte Lona eben die blödeste Frage der Welt gestellt. »Frau Behringer sagt, dass Molly wahrscheinlich schon schwanger war, als du sie in der Zoohandlung gekauft hast. Das kommt oft vor.«

»Wie süß!« Lona versucht, eines der Babys zu berühren. Aber die beiden verstecken sich scheu unter der Holztreppe.

Lona hebt Molly aus dem Stall, nimmt sie auf den Arm und streichelt sie behutsam. Molly streckt sofort ihre Schnauze vertrauensvoll in Lonas Armbeuge. »Guten Tag«, soll das wohl heißen. »Lange nicht gesehen.«

»Die Babys sind vorgestern früh gekommen«, erzählt Lynn. »Mama hat gleich Frau Behringer angerufen. Die arbeitet in einer Meerschweinchen-Station und kennt sich gut aus. Sie kommt heute, um sich die Babys und Molly anzusehen.«

Es klingelt.

»Ich glaub, das ist sie schon!« Lynn rast zur Tür.

»Meine kleine, süße Molly!« Lona küsst Molly auf den kuscheligen Haarwirbel zwischen ihren Ohren, und Molly gibt glucksende Laute von sich.

Jetzt recken die beiden kleinen Meerschweinchen im Stall neugierig ihre Schnauzen empor. Am liebsten würde Lona die beiden kleinen auch zu sich herausnehmen, aber sie werden wohl noch etwas Zeit brauchen, um sich an sie zu gewöhnen.

»Lass dir von Lynn bloß keinen Quatsch erzählen!«, ruft Frau Behringer, als sie in einem rosa gemusterten Batikkleid auf die Terrasse kommt. »Meerschweinchen haben ihren Namen nicht, weil sie sich schnell vermehren.«

»Schon klar«, murmelt Lynn. »War ja nur ein Scherz.«

Lona hält Frau Behringer Molly hin. So, wie Frau Behringer Molly unterfasst und sie auf die Backwaage auf dem Holztischchen setzt, merkt Lona gleich, dass sie sich richtig gut mit Meerschweinchen auskennt.

»Der Name hat etwas mit dem Ozean zu tun, mit dem Meer«, erklärt Frau Behringer und untersucht dabei Mollys Fell und ihre Ohren.

»Aber Meerschweinchen leben doch nicht im Meer. Können sie überhaupt schwimmen?«, fragt Lona gespannt.

Frau Behringer schüttelt den Kopf. »Meerschweinchen können weder tauchen noch schwimmen. Es ist richtig, dass sie nicht im Meer leben. Sind sind keine Wassertiere. Meerschweinchen haben weder Kiemen noch Flossen. Sie könnten im Meer nicht atmen und sich nicht fortbewegen. Sie kommen nicht *aus* dem Meer, aber *über* das Meer.« Frau Behringer schiebt das Stroh beiseite, damit sie Mollys Nachwuchs betrachten kann. »Meerschweinchen gibt es bei uns in Deutschland noch nicht so lange. Ursprünglich waren sie in Südamerika beheimatet, in Bolivien, in Ecuador und in Peru. Vor vielen Hundert Jahren haben spanische Seefahrer die Tiere auf ihren Schiffen zu uns nach Europa gebracht.«

»Aber warum heißen sie denn Meer*schweinchen*?«, fragt Lynn.

»*Schweinchen* wurden sie vermutlich nur genannt, weil ihr Quieken an das von Ferkeln erinnert.« Frau Behringer schaut die Freundinnen an und lächelt. »Mit euren beiden Ferkelchen werdet ihr viel Spaß haben. Die sind topfit. Aber spielen könnt ihr noch nicht mit ihnen. Nach der Geburt brauchen Meerschweinchenjunge Ruhe und Entspannung.«

Lona nimmt Molly auf den Arm und krault sie zwischen den Ohren. »Wie schade. Aber zum Glück hab ich zum Spielen ja meine Molly.«

Warum sind Kakteen stachelig?

Hugo sieht zu, wie seine Oma die Blumen auf der Fensterbank gießt. Dabei singt sie gut gelaunt:

»Mein kleiner grüner Kaktus
steht draußen am Balkon,
hollari, hollari, hollaro!
Was brauch' ich rote Rosen,
was brauch' ich roten Mohn,
hollari, hollari, hollaro!
Und wenn ein Bösewicht
was Ungezog'nes spricht,
dann hol' ich meinen Kaktus,
und der sticht, sticht, sticht.«

Hugos Oma nimmt einen klei-nen Kaktus in die Hand und führt ihn im Rhythmus des Liedes bis fast an Hugos Nase heran. Er weicht si-cherheitshalber ein Stück zurück. Natürlich weiß er, dass Oma nur Spaß macht, und

lacht. Und dann singen beide den Refrain gemeinsam: »Mein kleiner grü-ner Kaktus steht draußen am Balkon, hollari, hollari, hollaro!«

Hugos Oma wohnt in einem kleinen Häuschen auf dem Land. Sie hat einen wunderschönen Garten, in dem man nach Herzenslust toben kann. Und dann gibt es noch Fritzchen, Omas kleinen Hund, der immer genauso gut gelaunt ist wie Oma. Kein Wunder also, dass Hugo Oma gern besucht, am liebsten sogar für ein ganzes Wochenende. Damit es sich auch lohnt. Hugo lebt mit Mama und Papa in der Stadt. Sie müssen immer ganz schön weit fahren, um zu Oma zu kommen.

Als Oma den kleinen Kaktus zurück auf die Fensterbank stellt, fragt Hugo: »Warum haben Kakteen eigentlich Stacheln?«

»Das ist eine gute Frage.« Oma lächelt. »Kakteen sind pfiffig!«

»Wie *pfiffig*?« Hugo versteht nicht, was an einem Kaktus pfiffig sein soll.

»Na ja, dort, wo die Kakteen herkommen, gibt es viel Sonne und wenig Wasser. Die meisten Kakteen leben in Wüsten.«

»Da ist es sehr heiß«, sagt Hugo, der schon mal einen Film über die Wüste gesehen hat.

»Genau«, antwortet Oma. »Und es regnet dort nur selten. Aber wenn es einmal regnet, saugen sich die Kakteen fast so voll wie ein Schwamm. Davon können sie dann lange leben. Und damit ihnen niemand das Wasser stibitzt, haben sie im Laufe der Zeit ihre Blätter in Stacheln umgewandelt.«

Hugo staunt. »Ziemlich schlau!«

»Sag ich ja«, antwortet Oma.

»Kakteen sind pfiffig! Sonst wären sie schon längst alle aufgefressen worden.«

»Echt?«, fragt Hugo erschrocken.

»Na klar, in der Wüste gibt es viele hungrige und durstige Zeitgenossen und wenig andere Pflanzen. Hätten die Kakteen keine Stacheln, würden sie ruckzuck von irgendwelchen Tieren aufgefressen.«

Seeigel-
kaktus

»Wie gut, dass Kakteen so pfiffig sind!«, sagt Hugo erleichtert.

»Das ist aber noch nicht alles«, erklärt Oma. »Manche Kakteen setzen auf Tarnung, und die haben daher kaum oder keine Stacheln.«

»Und wie verteidigen sie sich?«, fragt Hugo.

»Sie sind unscheinbar und gleichen dem steinig felsigen Untergrund, sodass man sie leicht übersehen kann. Wieder andere Kakteen verteidigen sich mit Gift. Doch die Mehrzahl der Kakteen hat Stacheln, denn Stacheln wehren Feinde ab, schützen vor Verdunstung und liefern je nach Dichte auch Schatten.«

Da springt Fritzchen an Hugo hoch, was so viel bedeutet wie »Komm, spiel mit mir!«.

Hugo lässt sich nicht lange bitten. Die beiden flitzen um die Wette in den Garten und toben wild herum. Ach, ist das schön! Zu Hause hat Hugo keinen Garten, und so wild toben darf er dort auch nicht. Sonst kommt Frau Mahlzahn aus der Wohnung unter ihnen und beschwert sich über den Lärm. Frau Mahlzahn heißt natürlich nicht wirklich so. Eigentlich heißt sie Frau Mallmann. Aber Hugo nennt sie immer Frau Mahlzahn, weil so auch der Drache bei *Jim Knopf* heißt und Frau Mallmann ihn irgendwie an den

19

erinnert. Natürlich würde Hugo sie nie direkt so ansprechen, aber wenn sie nicht dabei ist, ist sie ganz klar Frau Mahlzahn.

Nach einer Weile kommen Hugo und Fritzchen vollkommen erschöpft zurück in die Küche. Hugo hat einen hochroten Kopf vom Herumrasen, und Fritzchen hängt die Zunge aus dem Hals.

»Ihr zwei habt ja ganz schön getobt!«, sagt Oma und gießt Hugo ein Glas Apfelschorle ein.

In diesem Moment fällt Hugos Blick auf einen hübsch verpackten kleinen Kaktus, der auf dem Küchentisch steht. »Für wen ist der denn?«

Oma lächelt verschmitzt. »Den nimmst du Frau Mahl…, äh, Frau Mallmann mit.«

Natürlich weiß Oma von Frau Mahlzahn und dass sie sich ständig beschwert. Und so einer soll er auch noch Blumen schenken?

»Wieso?«, fragt Hugo erstaunt.

»Weil man durch Blumen sprechen kann«, meint Oma.

Das versteht Hugo nun überhaupt nicht und sieht Oma fragend an.

»Na ja«, meint Oma. »Wenn man verliebt ist, schenkt man Rosen. Am besten rote. Wünscht man jemandem Glück, schenkt man Glücksklee.

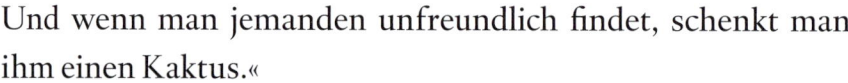

Und wenn man jemanden unfreundlich findet, schenkt man ihm einen Kaktus.«

»Und was ist, wenn Frau Mahlzahn böse wird?«, will Hugo wissen.

»Dann singst du einfach das Lied vom kleinen grünen Kaktus – und schon kann dir niemand mehr böse sein. Manchmal brauchen Menschen einen kleinen Anstoß. Vielleicht hat Frau

Cowboy-Kaktus

Mallmann vergessen, dass sie auch einmal ein Kind war und gerne wild getobt hat. Und einen Versuch ist es wert. Mit Mama habe ich vorhin bereits telefoniert, während du draußen mit Fritzchen getobt hast. Sie findet die Idee gut.«

Als Mama Hugo wenig später abholt, trägt er den Kaktus höchstpersönlich zum Auto.

»Pass gut auf!«, ruft Oma. »Immer schön am Topf festhalten, damit er dich nicht sticht.«

Während der Autofahrt fällt Hugo plötzlich ein, dass Frau Mahlzahn am Ende von *Jim Knopf* ganz lieb geworden ist.

»Wenn du magst, kann ich ja mitkommen zu Frau Mallmann«, schlägt Mama vor und macht ihm Mut.

Aber das will Hugo nicht. Er ist doch kein Feigling!

Als sie zu Hause angekommen sind, stürzt Hugo aus dem Auto und läuft samt Kaktus in die zweite Etage. Ohne zu zögern, drückt er auf die Klingel. Und als sich die Tür öffnet, fängt er gleich an zu singen:

> »Mein kleiner grüner Kaktus
> steht draußen am Balkon,
> hollari, hollari, hollaro!«

Zu Hugos Überraschung stimmt Frau Mallmann mit ein, und die beiden singen das Lied gemeinsam zu Ende:

»Was brauch' ich rote Rosen,
was brauch' ich roten Mohn,
hollari, hollari, hollaro!
Und wenn ein Bösewicht
was Ungezog'nes spricht,
dann hol' ich meinen Kaktus,
und der sticht, sticht, sticht.«

»Ach, wie lange habe ich das nicht mehr gehört«, sagt Frau Mallmann gerührt und lächelt. »Das kenne ich noch aus meiner Jugend. Und woher kennst du dieses Lied?«

»Von meiner Oma!«, sagt Hugo stolz und reicht Frau Mallmann den Kaktus.

»Ist der für mich?«, fragt sie.

Hugo nickt.

»Das ist aber nett von dir. Ich liebe Kakteen. In meinem Wohnzimmer habe ich jede Menge davon. Willst du sie mal anschauen?«

Bevor Hugo sichs versieht, steht er vor der Fensterbank im Wohnzimmer von Frau Mallmann und staunt nicht schlecht, wie viele Kakteen sie besitzt. Manche blühen sogar. Das sieht wunderschön aus.

Als Hugo Frau Mallmann erklärt, warum Kakteen Stacheln haben, ist sie richtig begeistert. Sie holt Kekse aus einem Schrank und bietet sie Hugo an.

Während Hugo genüsslich in einen Schokoladenkeks beißt, denkt er: »Auch wenn Frau Mallmann den Wink mit dem Kaktus irgendwie nicht so richtig verstanden hat, so wird sie jetzt bestimmt nicht mehr wegen jeder Kleinigkeit schimpfen. Und wahrscheinlich muss ich sie in Zukunft gar nicht mehr Frau Mahlzahn nennen. Denn eigentlich ist sie ja nett.«

Aber eines weiß Hugo seit heute ganz sicher: Nicht nur Kakteen sind pfiffig – seine Oma auch!

Warum brauchen manche Menschen eine Brille?

Jule sitzt mit verschränkten Armen im Frühstücksraum und hat schlechte Laune. Gleich nachdem Mama sie morgens in die Kita gebracht hat, hat Jule sich auf den Fußboden plumpsen lassen und mit dem Schmollen angefangen.

»Was ist los mit dir?«, fragt Lasse und streichelt vorsichtig ihren Arm. Lasse ist Jules bester Freund, und normalerweise puzzeln sie jeden Morgen zusammen, oder sie spielen Schnappfisch. Aber heute hat Jule keine Lust zum Spielen.

»Hau bloß ab!«, faucht sie.

»Ich hab dir doch gar nichts getan!«, verteidigt sich Lasse und bleibt neben ihr stehen.

»Habt ihr Streit?« Ben, der Erzieher, schaut aus der Küche in den Frühstücksraum.

Jules Gesicht sieht aus wie eine dunkle Gewitterwolke. »Lasse ist schuld, dass ich eine Brille brauche«, sagt sie wütend.

Ben setzt sich neben Jule und legt den Arm um sie. »Wie kommst du denn darauf?«

»Das ist doch ganz klar: Lasse hat mich angesteckt. Erst hat er nicht mehr gut gesehen und eine Brille bekommen, und jetzt brauche ich auch eine.« Jule hält sich die Hände vor die Augen, weil sie nicht will, dass Lasse oder Ben sehen, dass sie weint.

»Moment mal, Jule«, sagt Ben und lächelt. »Lasse trägt eine Brille, weil er kurzsichtig ist. Aber das ist natürlich nicht ansteckend wie Grippe oder Schnupfen. Außerdem ist es überhaupt nicht schlimm, eine Brille zu tragen. Ich finde Lasses Brille sehr schick. Sie passt richtig gut zu ihm. Guck sie dir mal genau an.«

Jule wischt sich über die Augen. »Brillen sind blöd. Ich werde jedenfalls niemals eine tragen!«

»Warum denn nicht?«, mischt Lasse sich ein. »Mit meiner Brille kann ich auf jeden Fall viel besser sehen als ohne. Wenn ich sie abnehme, ist alles verschwommen und unscharf, und wenn ich sie aufsetze, sehe ich alles scharf und klar.«

»Stimmt«, meint Ben. »Brillen sind wie ein zweites Paar Augen. Wenn du willst, Jule, erkläre ich dir, wie sie funktionieren.« Ben holt Zeichenstifte und ein Blatt Papier. Dann setzt er sich mit Lasse an einen Tisch. »Komm, Jule, schau es dir mal an!«

Jule bleibt auf dem Boden sitzen und zieht die Nase kraus.

Ben zeichnet ein großes Auge auf das Blatt. »Dein Auge hat die Form

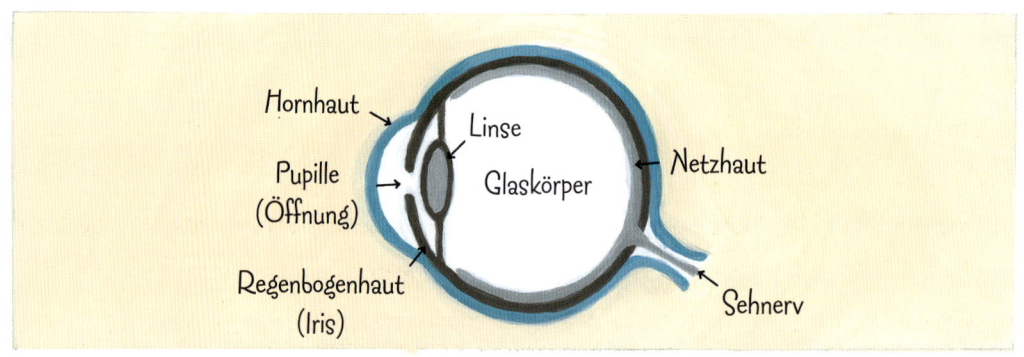

Hornhaut
Linse
Pupille
(Öffnung)
Glaskörper
Netzhaut
Regenbogenhaut
(Iris)
Sehnerv

einer Kugel. Vorn ist eine Öffnung, die sogenannte Pupille. Durch die Pupille können Lichtstrahlen eindringen. Licht braucht man ja zum Sehen. Auf der gegenüberliegenden Seite der Pupille ist die Netzhaut mit vielen Millionen Sehzellen. Die empfangen das Bild von der Sache, die du gerade anguckst. Wenn du zum Beispiel ein Pferd anschaust, dann meldet das Auge über den Sehnerv ans Gehirn: *Da ist ein Pferd.*«

Arva, Kilian und Robert haben sich zu Ben und Lasse an den Tisch gesellt und sehen sich neugierig Bens Pferd an.

»Das Pferd ist viel zu groß!« Arva kichert. »Das passt ja gar nicht in das kleine Auge rein. Guck mal, Jule!« Arva hält die Zeichnung hoch, damit Jule sie anschauen kann.

Doch sosehr Jule sich auch anstrengt und ihre Augen zusammenkneift, ein Pferd kann sie auf dem Bild beim besten Willen nicht erkennen. Alles, was sie sieht, sind zwei unscharfe graue Kleckse. Jule muss aufstehen und zu den anderen an den Tisch kommen.

»Stimmt«, sagt Jule. »Das Pferd ist zu groß. Das passt nicht durch die Öffnung.«

Ben lacht. »Die Öffnung, also die Pupille, ist kein gewöhnliches Loch«, erklärt er. »Dahinter sitzt eine kleine Linse, die eintreffende Lichtstrahlen bricht und bündelt. Dadurch wird das Ding, das du siehst, verkleinert. Ein großes Pferd erscheint auf deiner Netzhaut klein wie eine Mücke. Aber die Linse kann noch mehr. Sie stellt alles, was wir anschauen, scharf. Egal, ob es weit weg ist oder direkt vor deiner Nase. Das kannst du leicht ausprobieren. Stell dich ans Fenster und halte deinen Zeigefinger direkt vor deine Augen. Schau erst ihn an und richte deinen Blick dann durch das Fenster nach draußen. Was passiert?«

»Mal sehe ich meinen Finger scharf, mal das Haus gegenüber«, sagt Kilian, der es sofort versucht hat.

Jule macht den Sehtest auch. Aber sie sieht nur ihren Finger scharf. Das Haus gegenüber bleibt verschwommen.

»Die Linse stellt automatisch auf das scharf, was du gerade anschaust. Bei manchen Menschen funktioniert die Linse im Auge nicht richtig.«

»Leute, die schlecht sehen, brauchen eine Extra-Linse«, weiß Lasse. »Und die ist in meiner Brille drin.« Lasse nimmt die Brille ab, und Ben zeigt sie den anderen.

»Die Brillengläser sind leicht bauchig geschliffen. Das nennt man Linsen«, erklärt Ben.

»Ich hab gestern Linsen gegessen!«, ruft Jule. »Einen ganzen Teller voll. Deshalb brauche ich keine Brille.«

Ben lächelt. »Ja, Linsen zum Essen haben die gleiche Form wie Glaslinsen. Deshalb nennt man sie bei einer Brille auch Linsen. Aber Linsen zu essen hilft leider nicht gegen Augenprobleme.«

Jule schaut sich Lasses Brille genauer an. Wenn sie durch die Gläser durchguckt, kann sie das Haus gegenüber schon viel schärfer sehen.

»Wisst ihr, woher das Wort *Brille* eigentlich kommt?«, fragt Ben.

Jule schüttelt den Kopf.

»Brille kommt von *Beryll*. Das ist ein sehr kostbarer Edelstein. Als es noch kein Glas gab, das man zu Linsen schleifen konnte, haben sich die Leute geschliffene Smaragde oder Berylle vors Auge gehalten, damit sie besser sehen. Damals konnten sich nur sehr reiche Leute so eine *Brille* leisten.«

»Ich will auch eine Brille aus Edelsteinen«, sagt Jule.

»Wenn ihr wollt, können wir uns Brillen basteln. Die Edelsteine nehmen wir zum Verzieren.«

Ben bringt Scheren und bunten Karton, und Kilian holt die Schachtel mit den Schmuckperlen und Glassteinen. Sofort machen sich alle an die Arbeit. Jule sieht zu, wie Kilian Bügel und Fassung von Bens Schablone auf Karton abzeichnet und ausschneidet.

»Guck mal, Jule, ich bin ein Schmetterling!« Arva hat bunte Schmetterlingsflügel an ihre Brillenbügel geklebt.

Lasse schneidet zwei große Herzen als Brillenfassung aus und beklebt sie mit Bügelperlen.

Auch Jule bekommt Lust aufs Brillenbasteln. Sie fertigt eine schmale Katzenbrille mit Perlen und Edelsteinen, und Robert hat eine schwarze Batman-Brille mit spitzen Ohren links und rechts.

Erhan, Lisa und Philipp kommen ebenfalls an den Tisch. Jeder will sich seine eigene, verrückte Brille basteln. Ben gestaltet eine Sonnenbrille aus Klorollen, Erhan eine Zebrabrille, Lisa eine Maikäferbrille und Philipp eine Blumenbrille.

Es gibt auch eine Brille, die wie Froschaugen aussieht, und eine, die die Form von zwei Sonnen hat. Sogar eine Brille mit aufgemalten Augen ist dabei.

»Und jetzt tanzen wir den Brillentanz!« Ben macht die CD mit der Tanzmusik an.

Alle rennen mit ihren Brillen wild durcheinander und quietschen und lachen.

»Hallo. Was ist denn hier los? Karneval ist doch erst nächsten Monat.« Jules Mama steht in der Tür und sieht erstaunt in die Runde.

Schnell dreht Ben die Musik leiser. »Hallo, wir tanzen den Brillentanz.«

»Ach so«, sagt Jules Mama. »Na, das passt ja! Kommst du, Jule? Wir müssen zum Optiker, eine Brille für dich aussuchen!«

Jule grinst. »Aber ich möchte eine, die genauso aussieht wie die da. Mit Perlen und echten Edelsteinen.«

»Schauen wir mal, ob es so eine gibt.« Ihre Mama lächelt. »Ich bin sicher, wir werden das Richtige finden.«

Warum gibt es Ebbe und Flut?

Clara steckt ihr Salamibrot in die kleine Plastiktüte. Dann packt sie sie in eine weitere Tüte, verschließt diese gut und rennt damit zum Meer. Dort hält sie das Brot unter Wasser. Prima! Genau so hat sie sich das vorgestellt: Die Tüten halten dicht, und das Brot wird nicht nass!

»Was ist denn das?«, fragt Alex und greift nach der Tüte. »Willst du dem Wurstbrot etwa Schwimmen beibringen?«

»Gib her! Das ist für unseren Ausflug!« Clara reißt ihrem älteren Bruder das Brot aus der Hand und läuft zur Strandmuschel.

»Warum macht ihr schon wieder so einen Lärm?« Papa klappt sein Buch zu.

»Ich hab ein wasserdichtes Brot gebastelt«, erklärt Clara. »Wenn wir gleich auf dem Meeresgrund spazieren gehen, soll mein Brot nicht nass und matschig werden.«

Papa guckt Clara über den Rand seiner Sonnenbrille hinweg an. »Clara, ich hab's dir doch schon erklärt. Wir wandern zwar auf dem Meeresboden, aber erst dann, wenn das Meer nicht mehr da ist.«

Clara setzt sich neben Papa auf die Decke und schiebt den warmen Sand mit den Füßen zu einem Hügel zusammen. Vor ihr glitzert die Nordsee, so weit Clara gucken kann. »Wo soll das Meer denn auf einmal hin verschwinden?«

»Es wandert hin und her. Ebbe und Flut! Guck hier.« Alex deutet mit dem Beachballschläger zur kaputten Sandburg. Die haben Clara und er heute Mittag gebaut. Dann kam das Meer näher und näher und hat die Burg überschwemmt. Nun ist nur noch ein Häufchen Muscheln übrig.

»Aber warum läuft das Meer mal in die eine und dann wieder in die andere Richtung?«, will Clara wissen.

»Das liegt vor allem am Mond. Alex und ich erklären es dir!« Papa angelt den blauen Wasserball aus der Strandmuschel und wirft ihn Alex zu.

»Der Ball ist die Erde«, sagt Papa. »Die ist zum Großteil mit Wasser bedeckt, mit Meeren und Ozeanen. Deshalb wird die Erde auch *der Blaue Planet* genannt. Sie fliegt durch den Weltraum und dreht sich dabei um sich selbst.«

Alex hebt den Ball hoch und dreht sich langsam um die eigene Achse.

»Und der Mond dreht sich um die Erde.« Papa hält zum Zeichen, dass er den Mond spielt, den gelben Beachball hoch und beginnt, um Alex herumzulaufen.

Clara kichert. Das sieht lustig aus, wie Alex und Papa Erde und Mond spielen und Papa mit dem Mond um Alex' Erde kreist.

»Erde und Mond ziehen sich an«, keucht Papa. »Sie bleiben immer eng zusammen. Das nennt man Anziehungskraft!« Papa packt Claras Bein und zieht daran, sodass Clara auf der Decke ein Stück zu ihm hinrutscht.

»Ihh!«, quietscht Clara.

»Der Mond zieht nicht nur die Erde an«, sagt Papa, »der Mond zieht auch das Wasser, das auf der Erde ist, zu sich hin. An der Seite der Erde, die zum Mond zeigt, entsteht ein Berg. Der heißt Flutberg.«

»Ach so«, murmelt Clara. »Das Meer läuft immer zu der Seite der Erde, an der der Mond steht. Dort ist Flut. Und auf der anderen Seite der Erde ist Ebbe, oder?«

Papa und Alex lassen ihre Bälle sinken.

Papa nagt an seiner Unterlippe. »Na ja …«, überlegt er. »Das Meer läuft nie ganz in Richtung Mond. Auf der anderen Erdseite bleibt immer was übrig. Aber warum das so ist, weiß ich nicht. Das fragen wir am besten gleich Ralf.« Papa schaut auf die Uhr. »Oh, wir müssen jetzt los.«

Kurz darauf düsen Papa, Alex und Clara auf ihren Rädern über den Deich in Richtung Leuchtturm. Dort wartet Ralf. Er ist Papas bester Freund und Wattführer von Beruf. Ralf weiß alles über Ebbe und Flut, hat Papa gesagt.

»Hallo, ihr drei!« Ralf hat einen struppigen Vollbart und wasserblaue Augen. »Habt ihr Sonnencreme und was zu trinken dabei?«

»Klar!« Clara öffnet den Rucksack und zeigt ihre Wasserflasche. Dann holt sie auch ihre Taucherbrille und den Schnorchel heraus.

Ralf lacht. »Die kannst du hierlassen. Bei Ebbe ist das Meer weit weg. Wir können auf dem Meeresboden spazieren gehen und müssen dabei nicht tauchen.«

Clara blinzelt zum Horizont. Tatsächlich ist das Meer so weit weg gewandert, dass man es nur noch als silbernen Streifen in der Ferne glitzern sieht.

»Am besten zieht ihre eure Schuhe aus«, rät Ralf. »Das Meer hat ein paar tiefe Pfützen zurückgelassen.«

Barfuß stapft Clara hinter Ralf über den nassen Meeresboden. *Plitsch, platsch, plitsch* macht es, und bei jedem Schritt quillt grauer Schlamm zwischen ihren Zehen hervor. Wie das kitzelt! Papa und Alex versinken beim Gehen bis zu den Knien, und sie sehen aus, als hätten sie schwarze Stiefel an. Nach kurzer Zeit sind alle über und über schmutzig. Clara findet es toll, dass man sich beim Wattwandern so richtig vollmatschen kann!

Ralf gibt Clara die Hand, und sie waten durch eine tiefe Pfütze zu einer Sandbank hinüber. Fest und gerippt ist der Meeresboden da. Der Wind weht angenehm kühl, und es riecht nach Salz und Seetang.

»Aua!«, schreit Alex plötzlich. Er hüpft auf einem Bein und hält seinen rechten großen Zeh fest. »Mich hat was gezwickt.«

Tatsächlich: Da rennt eine kleine Krabbe mit dunkelgrünem Panzer durch den Sand und verschwindet in der Pfütze. Alex setzt sich auf die orangefarbene Boje, die im Sand liegt, und untersucht seinen Zeh.

»Das kommt schon mal vor«, sagt Ralf. »Wo wir gehen, ist bei Flut alles vom Meer bedeckt. Die Fische schwimmen mit dem ablaufenden Wasser hinaus, aber Herzmuscheln, Garnelen, Strandkrabben und Wattschnecken bleiben zurück.«

Clara betrachtet die große Pfütze, in der die Krabbe verschwunden ist. Jetzt fällt ihr die Frage ein, die Papa vorher nicht beantworten konnte. »Warum fließt nicht das ganze Wasser in Richtung Mond?«

Ralf malt mit dem Finger etwas in den Sand. Clara erkennt die Erde und den Mond. »Der Mond zieht einen Teil des Wassers zu sich hin.« Ralf zeichnet auf der dem Mond zugewandten Seite der Erde eine Wasserbeule.

»Dieser Flutberg kommt durch die Anziehungskraft des Mondes zustande. Auf der anderen Seite der Erde wirkt noch eine zweite Kraft. Die ist ebenso stark und heißt Fliehkraft. Die Fliehkraft entsteht, wenn sich etwas dreht.« Ralf nimmt Claras roten Rucksack und dreht sich damit um sich selbst. »Siehst du, wie der Rucksack beim Drehen von mir weggeschleudert wird?«

Ralf dreht sich immer schneller. Plötzlich geht der Rucksack auf, Claras Brot fliegt in hohem Bogen heraus – und landet mitten in der Pfütze: *platsch!*

»Entschuldigung, das wollte ich nicht«, sagt Ralf.

»Kein Problem.« Schon watet Papa in die Pfütze und fischt die Tüte heraus. »Zum Glück hat Clara ihr Brot wasserdicht verpackt.«

»Wenn sich die Erde dreht«, erklärt Ralf weiter, »schleudert sie das Wasser an ihrer Oberfläche von sich weg, so wie ich eben dein Brot. Die Fliehkraft bewirkt einen zweiten Flutberg. Der liegt genau gegenüber vom Mond. Mondanziehungskraft und Fliehkraft sind gleich stark und ziehen das Wasser auf der Erde in unterschiedliche Richtungen.« Ralf hält Clara den Rucksack hin, damit sie daran ziehen kann. Clara zieht mit aller Kraft und Ralf auch. Ralf lacht. Er schafft es nicht, Clara zu sich hinüberziehen. »Genau wie wir beide, so ziehen die Fliehkraft und die Anziehungskraft des Mondes an den Ozeanen. Es entstehen zwei Flutberge, und die Erde dreht sich dazwischen hindurch. Wo die Flutberge sind, ist Flut, und dazwischen ist Ebbe.«

»Puh, war das anstrengend.« Clara lässt sich auf die Sandbank plumpsen und wickelt ihr Brot aus. Das ganze Geziehe hat sie hungrig gemacht. »Ihhhh!«, schreit sie. Clara springt auf, hält die Tüte in die Höhe und schüttelt sie. Da hängt doch tatsächlich die kleine Krabbe von vorhin dran!

»Lecker-lecker!« Alex grinst. »Jetzt hast du ein echtes Nordseekrabbenbrötchen!«

»Ach was.« Ralf zupft die Krabbe von der Tüte und setzt sie behutsam an der Pfütze ab. »Die ist noch viel zu klein, um gegessen zu werden. Außerdem schmecken Strandkrabben nicht. Ich hab was viel Besseres für euch!«

Ralf holt eine Dose aus seinem Rucksack, und alle hocken sich auf die Sandbank. Es gibt Gürkchen, Käsesandwiches mit Mayo und Rollmöpse.

»Super«, findet Clara. »Ein Picknick mitten auf dem Meeresboden. Das ist wirklich etwas ganz Besonderes!«

Warum gibt es in der Wüste so viel Sand?

Tim ist vollkommen aus dem Häuschen. Zum ersten Mal fährt er heute mit einem echten Jeep! Davon hat er immer schon geträumt, denn Tim ist ein richtiger Autonarr. Wenn das Jonas, sein bester Freund, wüsste! Der ist genauso verrückt nach Autos wie Tim. Ganz sicher wird Tim Jonas alles haarklein erzählen, wenn er aus dem Urlaub in Ägypten zurück ist.

Natürlich macht Tim diese Jeepfahrt nicht allein. Mama und Papa sind auch dabei. Und noch ein junges Pärchen, Daniel und Natalie. Der Jeep musste ja voll werden. Und der Fahrer. Er heißt Fehmi und kennt sich super aus. Das ist wichtig. Die Tour geht nämlich nicht irgendwohin. Sie fahren in die Wüste! Zum Glück kann Fehmi ganz gut Deutsch.

Aufgeregt rutscht Tim auf seinem Sitz hin und her.

Aber das ist nicht der einzige Jeep, der in Richtung Wüste unterwegs ist. Alle versammeln sich an einem bestimmten Platz. Und es werden immer mehr!

Tim steht auf, streckt den Kopf aus dem Fenster und zählt. »Neun Jeeps!«, stellt er begeistert fest.

»Jetzt geht es sicher bald los«, sagt Papa. »Am besten setzt du dich wieder hin und gurtest dich an.«

In dem Moment lässt Fehmi auch schon den Motor aufheulen und gibt Gas.

»Besonders bequem ist so ein Jeep nicht«, meint Mama.

Tim zuckt mit den Schultern. »Ja, aber dafür kann er toll querfeldein fahren, und er hat jede Menge PS.«

Fehmi grinst. »Genau, über 170! Fast noch wichtiger ist der Allradantrieb. Ohne den kämen wir nicht auf die hohen Sanddünen. Die sind bis zu 200 Meter hoch, manche sogar bis zu 300 Meter.«

»Was? 300 Meter?«, fragt Mama entsetzt und würde am liebsten wieder aussteigen.

»Keine Sorge«, beschwichtigt Fehmi. »Ich bin ein guter Fahrer. Hier in diesem Teil der Wüste sind die Dünen nicht so hoch. Und ich weiß genau, welche befahrbar sind und welche nicht.«

Mama sieht besorgt aus. »Oje, worauf habe ich mich nur eingelassen?«

»Wird schon schiefgehen«, sagt Papa. »Fehmi macht doch jeden Tag solche Fahrten.«

Daniel und Natalie grinsen.

»Stimmt«, meint Fehmi. »Und ich bin noch nie mit dem Jeep umgekippt!«

Langsam wird Tim ungeduldig: »Wann kommt denn endlich die Wüste? Ich sehe die ganze Zeit nur Felsen und Steine.«

»Wir sind schon mittendrin! Alle meinen immer, die Wüste würde nur aus Sand bestehen, aber das ist ein Irrtum«, erklärt Fehmi. »Der größte Teil der Sahara besteht aus Felsen oder Stein. Nur ein Fünftel der Wüste besteht aus Sand.«

Daniel sieht Tim an. »Als Wüste bezeichnet man alle Gebiete auf der Erde, in denen nichts oder nur sehr wenig wächst. Als vegetationsarm oder vegetationslos gelten Gebiete, in denen weniger als fünf Prozent der Oberfläche mit Pflanzen bewachsen sind. Neben Sandwüsten gibt es auch Stein- oder Felswüsten und Kieswüsten. Ach ja, und Salz-, Lehm- und Eiswüsten.«

Tim staunt. »Und woher weißt du das alles?«

»Natalie und ich studieren Geologie. Da lernt man so etwas.«

»Dann haben wir ja zwei richtige Fachleute an Bord!«, sagt Papa begeistert.

»Was ist denn Geologie?«, fragt Tim.

»Das ist die Wissenschaft von …«, fängt Daniel an, doch weiter kommt er nicht, denn Natalie ruft schnell »Erdkunde!« und lacht.

»Drei Fachleute«, meint Fehmi und gibt noch eine Kostprobe seines Wissens. »Die Sahara ist die größte Wüste der Erde. Sie ist insgesamt so groß wie die USA. Sie erstreckt sich über den ganzen Norden Afrikas, über viele Länder hinweg.«

»Guckt mal! Jetzt ist draußen alles voller Sand!« Tim kann kaum glauben, was er sieht.

»Ja, nun kommt endlich Bewegung in die Sache«, sagt Papa.

In der Ferne kann man auch schon die ersten Sanddünen erkennen. Noch sind sie ganz klein. Fehmi gibt richtig Gas. Das macht Spaß! Mit Karacho rast der Jeep auf die Sanddünen zu. Nach einiger Zeit stoppt Fehmi den Wagen mit einer gekonnten Drehung. Dadurch wird viel Sand aufgewirbelt, sodass man für einige Sekunden nichts mehr sehen kann. Als der Sand sich legt, stehen sie genau vor den Dünen.

Tim starrt mit offenem Mund aus dem Fenster. »Sind die groß!«

»Ja«, meint Natalie. »Gegen die Dünen wirkt unser Jeep klein wie ein Matchbox-Auto!«

»Jetzt wird's spannend!«, verspricht Fehmi und fährt direkt auf die Sanddüne zu.

Im Jeep ist es mucksmäuschenstill. Es geht so steil bergauf, dass alle in ihre Sitze gepresst werden. Oben angekommen, schaukeln sie ziemlich unsanft über die welligen Dünen. Jetzt wird es auch Tim etwas flau im Magen, und am Ende sind alle froh, oben auf einer Düne aussteigen zu dürfen. Von dort können sie die atemberaubende Weite und Schönheit der Wüste genießen.

»Was für eine fantastische Aussicht«, schwärmt Mama.

Papa nimmt sie in den Arm. »Dafür hat sich die Fahrt doch gelohnt.«

»Wow, was für eine riesige Buddelkiste!«, ruft Tim. »Wo kommt nur all der Sand her?«

»Die Antwort haben wir zu Beginn unserer Tour durchfahren«, antwortet Daniel.

»Wie *durchfahren*?«, fragt Tim.

»Du erinnerst dich doch bestimmt noch an die Stein- und Felswüste.«

Tim nickt.

»Der Sahara-Sand ist im Wesentlichen verwitterter Sandstein«, erklärt Daniel.

Das kann Tim kaum glauben. »Aus hartem Stein soll Sand werden? Wie kann das sein?«

»Das geht natürlich nicht von heute auf morgen. Das dauert lange, sehr lange. Viel länger, als wir leben. Zuerst bekommt der harte Stein Risse. Irgendwann zerfällt er dann in größere Teile. Und auch diese Teile bekommen schließlich wieder Risse und zerfallen in kleinere Teilchen, so lange, bis der Stein am Ende zu Sand geworden ist«, sagt Daniel.

Und Natalie fügt hinzu: »Das geschieht durch Sonne, Wind und Wasser. Ja, sogar die Wurzeln von Pflanzen lösen mit der Zeit immer mehr Körner heraus. Wind und Wasser tragen diese kleinen Teilchen dann mit sich fort und lagern sie woanders wieder ab. Dabei schleifen sich Ecken und Kanten ab.«

Mama nimmt eine Handvoll Sand auf und lässt ihn sanft durch ihre Finger rieseln. »Wie fein er ist!«

»Je runder ein Sandkorn ist, desto stärker wurde es bearbeitet und umgelagert«, erklärt Daniel. »Der größte Teil des Sandes auf der Erde stammt aus Sandstein. Und Sandstein wiederum besteht zum größten Teil aus

Quarzkörnern, die früher schon einmal Sand gewesen sind und dann unter Druck zum Beispiel bei Verschiebungen in der Erdkruste wieder zu Stein geworden sind. Ein gut gerundetes Sandkorn kann also schon etliche Erosionszyklen hinter sich haben.«

»Das ist ja interessant!«, sagt Papa. »Und diese Sandwüste bestand früher nur aus Fels und Stein?«

»Nicht ganz«, antwortet Natalie. »Es kam auch noch anderer Sand hinzu. Denn während der letzten Eiszeit zum Beispiel, vor rund 20 000 Jahren, waren sowohl das Mittelmeer als auch der Atlantik ungefähr 100 Meter niedriger als heute. Da gab es riesige Küstenbereiche mit sehr viel größeren Stränden, als wir sie heute kennen. Gerade von den Mittelmeerstränden ist durch die Passatwinde sicherlich jede Menge Sand, ehemaliger Meeressand, in die Sahara hineingeblasen worden.«

»Und ab und zu fliegt der Sahara-Sand sogar bis zu uns nach Köln. Dann sind die Fenster und Autoscheiben immer ganz gelb«, sagt Mama.

»Jein«, meint Daniel. »Der Sahara-Sand bleibt mehr oder weniger immer im gleichen Gebiet. Er kann nicht höher als zwei Meter fliegen. Nur der Sand, wohlgemerkt. Aber mit den noch feineren Körnern, dem Sahara-Staub, ist es anders. Der ist sogar noch in 10 000 Meter Höhe zu finden und wird vom Wind in gigantischen Mengen weggetragen. Millionen Tonnen davon werden um die halbe Welt geweht. Nicht nur bis nach Deutschland, sondern auch bis in den Amazonaswald.«

Natalie nickt. »Dort ist der Sahara-Staub eine wichtige Mineralstoffquelle. Ja, sogar lebensnotwendig. Ohne die Düngung aus der Sahara gäbe es die Amazonaswälder nicht.«

»Unglaublich, wie doch alles auf dieser Welt zusammenhängt!«, sagt Mama beeindruckt.

»Und jetzt kommt das Beste überhaupt.« Fehmi grinst breit. »Jetzt fahren wir wieder von der Düne runter!«

Bevor sie einsteigen, machen sie noch schnell ein Abschiedsfoto. Und dann geht's auch schon los. Der Jeep rast die Sanddüne hinunter. Alle freuen sich und lachen, das macht wirklich einen Riesenspaß.

Diese Wüstentour wird keiner von ihnen so schnell vergessen. Und für Tim steht fest: Wenn er groß ist, wird er Jeepfahrer in der Wüste!

Warum funkeln Edelsteine?

Emma steht auf Zehenspitzen auf einem Stuhl. Ihre Hand tastet im obersten Schrankfach ganz weit nach hinten. Dort ist – zwischen Schals und Winterpullis – Emmas Geheimversteck.

»Soll ich dich festhalten?« Miriam, Emmas beste Freundin, blinzelt nach oben.

»Brauchst du nicht!«, keucht Emma. Ihre Finger stoßen auf etwas Hartes. »Ich hab's!« Emma klettert vom Stuhl und stellt die hellbraune Holzkiste auf ihr Bett. »Ich dachte schon, sie wäre weg!«

»Und wo ist jetzt dein Edelstein?«, fragt Miriam ungeduldig.

»Moment.« Emma klappt den Deckel hoch und schiebt ein rot schillerndes Tuch beiseite. Zwischen gestreiften Vogelfedern, bunten Glaskugeln und Holzperlen holt sie einen weiß glänzenden Stein heraus. Er sieht aus wie ein großer Brocken Kandiszucker und schimmert milchig, wenn Emma ihn gegen das Licht hält.

»Wie Glas oder Eis«, sagt Emma und lächelt. »Er ist schön, oder?«

Miriam zuckt mit den Schultern. »Dein Stein sieht zwar hübsch aus, aber der ist doch nicht echt!«

»Ist er wohl!«, ruft Emma. »Schau, wie er glänzt!«

»Mein Fahrrad glänzt auch, wenn ich es putze. Deshalb ist es noch lange kein Edelstein. Du hast mich angelogen. Du hast gar keinen Schatz!«

»Aber …«, sagt Emma.

Doch Miriam ist aufgestanden und aus dem Zimmer gelaufen. Leider ist sie oft ziemlich leicht eingeschnappt.

Emma hockt ratlos auf dem Bett und dreht den Stein zwischen ihren Fingern. Kühl und glatt fühlt er sich an, und er ist ganz schön schwer. Tante Ida hat ihn beim Bergwandern gefunden und Emma mitgebracht. »Ein echter Bergkristall«, hat sie gesagt. »Heb ihn gut auf, er ist wertvoll!« Und Emmas Tante muss es wissen. Sie liebt Edelsteine über alles. Ihre ganze Wohnung ist voll davon: Violette Amethyste unter dem Kopfkissen helfen Ida beim Einschlafen, braune Tigeraugen auf dem Fernseher entspannen ihre Augen, und die silbern glänzenden Hämathite an ihrer Halskette machen sie mutig und stark. Eine Handvoll bunter Edelsteine glitzert sogar in ihrer Trinkwasserkaraffe. »Die Steine besitzen Zauberkraft«, sagt Ida. »Einige helfen gegen Schmerzen, andere machen fröhlich oder schlau.«

Aber was ist, wenn Miriam recht hat und der Stein doch nicht echt ist?

Emma steht auf und tippt Tante Idas Nummer ins Telefon.

Ida begreift sofort, dass Emmas Anruf ein Notfall ist. »Was? Dein Bergkristall soll nicht echt sein! Wer sagt denn so was? Mach dir keine Sorgen, Schatz. Wir werden die Sache gleich klären.«

Dann spricht Ida mit Emmas Mama und erklärt ihr, dass sie zusammen mit Emma einen Ausflug zu einem Edelsteinschleifer machen will.

Wenig später sitzen die beiden im Auto.

»Jetzt fahren wir zu meinem Freund Eddy, der kennt sich aus«, sagt Ida. »Er hat das Edelsteinschleifen von seinem Vater gelernt. Seine Werkstatt liegt ganz in der Nähe.« Sie lächelt, und ihr Armband mit den Rosenquarz- kügelchen klimpert, als sie das Lenkrad einschlägt und auf den Parkplatz zufährt. Direkt vor einem alten Fachwerkhaus mit einer Treppe am Ein- gang hält sie an.

Aus dem offenen Fenster im Erdgeschoss dringt ein lautes Surren und Summen.

»Eddys Schleifmaschinen!« Tante Ida lacht und zwinkert Emma zu. »Komm, Eddy wartet bestimmt schon auf uns.«

Eddys Augen blitzen freundlich hinter seinen runden Brillengläsern.

»Guten Tag!« Er wischt seine Handflächen an der Schürze ab und schüt- telt Emma und ihrer Tante die Hand.

Dann zeigt er Emma die Werkstatt mit den verschiedenen Schleifschei- ben, die sich über der Arbeitsfläche drehen, und die elektrische Säge, mit der er Steine auseinanderschneiden kann.

»Je nachdem, ob die Edelsteine in einen Ring gefasst oder als Anhänger an eine Kette sollen, müssen sie unterschiedliche Größen haben. Aus den Rohsteinen, die in Minen aus dem Berg gebrochen werden, mache ich Ju- welen.« Eddy zeigt Emma den Teller, auf dem ein Haufen Rohsteine liegt. Kantig sind sie und ein bisschen staubig.

»Und daraus werden Schmucksteine?« Emma kann es gar nicht glauben.

»Klar. Schau mal hier. Das sind die gleichen Steine, nur dass diese ge- schliffen und poliert sind.« Eddy schüttet aus einem Samtsäckchen Edel- steine auf die Arbeitsfläche. Wie ein Meer grünblau glitzernder Wasser- tropfen sehen sie aus. »Edelsteine sind meistens Kristalle«, erklärt Eddy,

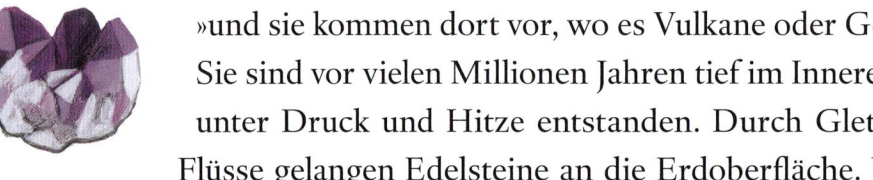

»und sie kommen dort vor, wo es Vulkane oder Gebirge gibt. Sie sind vor vielen Millionen Jahren tief im Inneren der Erde unter Druck und Hitze entstanden. Durch Gletscher oder Flüsse gelangen Edelsteine an die Erdoberfläche. Wenn man an diesen Stellen in den Berg hineingräbt, kann man oft noch mehr Steine finden. In Deutschland gab es früher viele Edelsteinminen, aber die sind heute alle leer geräumt.«

Trommelsteine

»Aber woher bekommst du denn dann deine Edelsteine?«, fragt Ida.

»Aus Madagaskar, Brasilien oder China. Aber egal, woher die Steine kommen: Ihre Schönheit verdanken sie Edelsteinschleifern.«

»Und wie findet man heraus, ob ein Stein echt ist?«, will Emma wissen.

Eddy nimmt den Bergkristall aus Emmas Hand und führt ihn an den Mund. »Keine Angst, ich schluck ihn nicht runter. Ich prüfe nur die Temperatur mit den Lippen. Echte Steine fühlen sich kalt an. Und das ist bei deinem der Fall. Zur Sicherheit schaue ich ihn mir noch genauer an.«

»Das ist ja richtig spannend!«, sagt Ida und lächelt Emma zu. »Gleich werden wir ganz genau wissen, ob dein Edelstein echt ist.«

Eddy klemmt sich eine kleine Lupe vors Brillenglas und hält den Bergkristall unter die Lampe an der Schleifmaschine. »Dein Stein hat ein paar Risse und hier in der Mitte Einschlüsse. Das bedeutet, dass er sich mit anderen Gesteinsarten vermischt hat, als er noch heiß und flüssig war. Das ist der Beweis, dass der Stein echt ist.«

Eddy lacht und hält Emmas Stein an die Schleifscheibe. Dann glättet er millimetergenau seine Kanten. Sofort glänzt der weiße Edelstein wie Schnee in der Sonne.

»Mit meiner Maschine kann ich die Steine in verschiedene Formen

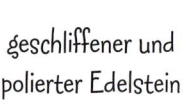

46

schleifen. In Kugeln oder Ovale zum Beispiel. Und auf die Oberseite schleife ich viele kleine glatte Flächen in verschiedenen Winkeln. Wenn dann das Licht daraufällt, glänzt der Stein. Und wenn er durchsichtig ist, wie deiner, kann das Licht durch ihn hindurchscheinen und wird an der Oberfläche zusätzlich gebrochen. So entsteht das Glitzern und Funkeln. Willst du, dass ich das bei deinem Stein mache?«

Emma überlegt. Dann schüttelt sie den Kopf. »Nicht nötig. Ich finde, mein Stein strahlt hell genug. Aber ich würde ihn gern an einer Kette tragen.«

»Gute Idee!«, findet Eddy. »Ich bohre mit dem Diamantbohrer oben ein kleines Loch durch und ziehe ihn auf eine dünne Lederschnur.«

Es dauert wenige Minuten, und schon baumelt Emmas Stein an einem gelben Lederband.

»Bitte schön«, sagt Eddy und hängt ihn Emma um den Hals. »Der Stein hat Millionen Jahre lang unter der Erde gelegen. Nun freut er sich über das Sonnenlicht.«

»Danke«, sagt Emma und strahlt. »Können wir schnell nach Hause fahren, Tante Ida? Ich will mich mit Miriam wieder vertragen. Zum Glück kann ich ihr jetzt genau erklären, dass mein Stein wirklich echt ist!«

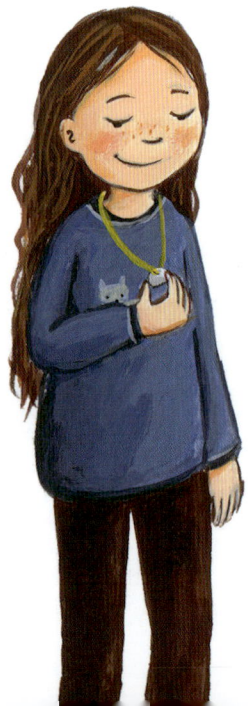

Woher kommt das Glück?

»Such dir einen aus. Die bringen Glück!« Oma hält Sven die Papiertüte mit den Glücksbringern hin: Schornsteinfeger, Marzipanschweinchen, Fliegenpilze und vierblättrige Kleeblätter. Oma kauft sie jedes Jahr kurz vor Silvester und verteilt sie an Freunde.

Svens Finger wühlen in der Tüte, dann zieht er ein goldfarbenes Kleeblatt heraus. »Kann ich mir jetzt was wünschen?«

Oma lächelt. »Nein, Sven. Glücksbringer erfüllen keine Wünsche. Aber sie sorgen dafür, dass du im neuen Jahr öfters Glück hast.«

»Und wie hat man Glück?«, will Sven wissen und steckt das Kleeblatt tief in seine Hosentasche.

»Glück ist für jeden etwas anderes«, sagt Oma und schiebt die Glücksbringer beiseite, damit die Kellnerin Kakao und Torte auf dem Tisch abstellen kann. »Du zum Beispiel bist glücklich, wenn du heiße Schokolade bekommst, ich dagegen liebe Himbeersahnetorte. Manche Leute sind glücklich, wenn sie ein Schaumbad nehmen, andere, wenn sie ihre Lieblingsmusik hören oder Freunde besuchen. Wenn du willst, dass das Glück zu dir kommt, musst du erst mal wissen, was dich glücklich macht und wie es sich anfühlt.«

Sven runzelt die Stirn und rührt in seiner Kakaotasse. Angestrengt denkt er nach, wann er sich zum letzten Mal so richtig glücklich gefühlt hat. Das war gestern, als er beim Fußballspiel gegen die Birnbaumschule das Entscheidungstor schoss. Ein Jubeln und Klatschen brach in der Halle

los, und alle trampelten im Takt mit den Füßen und riefen: »Sven – Sven – Sven!« Sven rannte im Kreis und vollführte Luftsprünge. Und als er stehen blieb, kam Greta angelaufen und hat ihn umarmt. Da wäre Sven vor Glück fast geplatzt. Greta ist die Torfrau in Svens Mannschaft. Sie ist die beste Keeperin der Welt, und wenn Sven an sie denkt, hat er ein ganz spezielles Gefühl.

»Glück kitzelt am Herzen«, erinnert sich Sven. »Es kribbelt und blubbert, als hätte jemand Sprudelwasser darübergekippt.«

Oma grinst und sticht ein großes Stück von ihrer Torte ab. »Wenn ich glücklich bin, fühlt es sich anders an: Mein Herz ist dann wie ein großes, weites Meer, und in mir drin summt und klingt es. Das passiert, wenn ich zum Beispiel in der Frühlingssonne die ersten Schmetterlinge sehe oder wenn ich auf meiner Geige spiele.«

»Weißt du, wann ich am glücklichsten bin?«, fragt Sven.

»Beim Fußballspielen?«, rät Oma.

»Ja, schon. Aber …!«

»Wenn du ein Tor schießt?«

»Na ja …!«

»Ich hab's!«, sagt Oma. »Wenn Greta dir gratuliert, so wie gestern!«

Sven lächelt und nimmt einen großen Schluck aus seiner Kakaotasse. Herrlich schmeckt der: süß und mollig, wie ein Traum aus Schokosahne. Und plötzlich sieht Sven über dem oberen Rand der Tasse vorne am Tresen ein Mädchen stehen.

»Da ist Greta!«, krächzt Sven, und er fühlt, wie sein Herz vor Glück kribbelt.

»Dann hat dein Glücksbringer ja schon gute Arbeit geleistet«, stellt Oma fest. »Geh rüber und lade sie ein. Vielleicht will Greta einen Kakao mit uns trinken.«

Sven steht auf und greift nach dem Kleeblatt in seiner Hosentasche. Er atmet tief durch und will losgehen. Aber da hat Greta ihn bereits entdeckt und winkt. Grinsend kommt sie herüber.

»Hey, Sven, wie geht's!«, sagt Greta. »Ich wollte gerade Zitronenröllchen kaufen. Ist das deine Oma? Hallo.« Greta gibt Oma die Hand und setzt sich.

Greta ist wirklich ungeheuer nett, denkt Sven. Aber er weiß nicht, was er sagen soll. Zum Glück ist da noch Oma.

»Ich habe Sven gerade einen Glücksbringer geschenkt«, sagt sie. »Möchtest du auch einen?«

»Nein, danke. Ich hab schon einen.« Greta zieht ein rosa Filzschwein aus

der Hosentasche. »Das hat Mama für mich gemacht. Ich trage es immer bei mir.«

»Wie niedlich«, findet Oma. »Willst du vielleicht auch einen Kakao?«

»Nein.« Greta schüttelt sich. »Kakao schmeckt
mir nicht. Aber eine Zitronenlimo hätte ich gern.«

Oma nickt und geht an den Tresen.

Svens Herz blubbert und prickelt, aber sein Hals
fühlt sich an, als wäre ein Korken darin stecken geblieben. Sven nimmt
Gretas Glücksschwein und hält es hoch. »Echt schön, dein Schwein.« Er
grinst. Plötzlich rutscht ihm der Glücksbringer aus den Fingern und fällt
in den Kakao.

Platsch!

»Oh nein!«, flüstert Sven und starrt entsetzt auf die Kakaoblasen, zwischen denen das Schwein versinkt.

»Wie blöd ist das denn!«, ruft Greta. »Kannst du nicht aufpassen?«

»Das war doch keine Absicht«, sagt Sven kleinlaut und fischt mit dem
Löffel in seiner Tasse.

»Ausgerechnet Kakao. Wie eklig. Ich hasse Kakao!« Greta ist richtig
sauer.

Sven stochert und rührt, aber er bekommt das Schwein einfach nicht zu fassen. Schließlich schlürft er die Tasse in einem Zug leer und wischt sich über den Mund. Braun und verklebt liegt das Schwein auf dem Tassengrund.

»Total ruiniert«, klagt Greta. »Mein schönes Schwein … und wie das jetzt stinkt! Du bist der größte Paddel von hier bis Amerika!«

»Was ist denn los?« Oma stellt die Limonade auf den Tisch.

Sven blickt stumm auf das Schwein in der Tasse.

Oma fasst das Schwein am Ringelschwanz und lässt es baumeln. »Kein Problem. Filz kann man prima waschen. Sven bringt es dir am Sonntag zum Fußballspiel sauber zurück.«

Greta schaut Sven böse an und rennt dann ohne ein weiteres Wort weg.

So ein Mist! Gerade war Sven noch so glücklich, weil er Greta getroffen hatte. Und jetzt? Sein Herz tut weh, als hätte es Muskelkater.

Sven kramt sein Kleeblatt aus der Hosentasche und legt es auf den Tisch. »Hier. Das kannst du wiederhaben«, sagt er zu Oma. »Das hat mir überhaupt kein Glück gebracht.« Er pikst das Filzschwein in den Bauch, sodass lauter braune Kakaomatsche herausquillt.

Oma macht ein strenges Gesicht. »Du kannst nicht sagen, dass du heute kein Glück gehabt hast. Ich habe dich in dein Lieblingscafé eingeladen, dir ein Kleeblatt geschenkt, und dann hat sich sogar noch Greta an unseren Tisch gesetzt. War das vielleicht nicht schön?«

»Doch«, meint Sven. »Aber jetzt bin ich gar nicht mehr glücklich.«

»Mit dem Glück ist es wie mit einem Schmetterling«, erklärt Oma und wickelt das Schwein behutsam in die Serviette. »Es kommt angeschwebt und setzt sich. Aber man weiß nicht, wie lange es bleibt. Man kann das Glück nicht festhalten. Irgendwann flattert der Schmetterling weiter zur nächsten Blume.«

Sven überlegt. Als er Greta gesehen hat, war es, als wäre der Schmetterling bei ihm zu Besuch. Aber als ihr Schwein in den Kakao fiel, fühlte sich alles schlimm und traurig an. »Was macht man, wenn einem das Glück davonflattert?«

»Ganz einfach«, sagt Oma. »Man lockt es wieder an!«

»Aber wie?«, will Sven wissen.

»Genauso, wie man Schmetterlinge lockt: mit Blüten und schönen Dingen. Wenn du das Glück anlocken willst, musst du vorher etwas in dir zum Blühen bringen. Eine schöne Idee oder einen netten Gedanken.«

Sven überlegt einen Moment. »Ich könnte Greta Blumen schenken. Oder noch besser: Ich wasche ihr Schwein mit Zitronenshampoo!«

»Prima Idee«, freut sich Oma.

»Wir können Greta auch fragen, ob sie mit ins Kino kommt«, schlägt Sven vor. »Vielleicht hatte sie heute einen schlechten Tag, und ein lustiger Film macht sie glücklich.«

Sven steckt seinen Glücksbringer wieder ein und lächelt. Er hat ihm doch Glück gebracht! Und eines weiß Sven jetzt ganz genau: Man kann nicht einfach nur warten, bis das Glück angeflattert kommt. Man muss es anlocken und ihm etwas hinhalten, worauf es sich niedersetzen kann – eine schöne Idee, ein nettes Wort oder etwas, worüber andere sich freuen.

Warum glühen Glühwürmchen?

Heute ist Samstag, Lenis Lieblingswochentag. Denn an Samstagen darf sie länger aufbleiben, weil am Sonntag alle ausschlafen können. Der Kindergarten hat zu und die Arbeit auch. Wenn Leni einen Wunsch frei hätte, würde sie sich eine ganze Woche voller Samstage wünschen. Das wäre toll, besonders im Sommer, weil es dann so lange hell ist und man bis spätabends draußen bleiben kann. So wie jetzt.

Am Nachmittag ist Sarah, Mamas beste Freundin, zu Besuch gekommen. Und sie hat Leni etwas mitgebracht: ein großes Mikadospiel mit langen Hölzern, das man gut auf der Terrasse spielen kann.

»Gewackelt!« Leni jubelt. »Jetzt bin ich dran.«

Dann räumt Leni nach und nach alle Stäbe für sich ab. Mama und Sarah sehen staunend zu.

»Das ist gemein!«, ruft Sarah. »Eigentlich wollte ich auch mitspielen.«

Und Mama klatscht Leni Beifall. »Du bist ja ein richtiges Naturtalent.«

Leni lächelt verschmitzt. »Noch mal!«

Aber selbst im Juni geht irgendwann die Sonne unter. »Nein, gleich wird es dunkel«, sagt Mama. »Jetzt räumen wir auf, und danach fliegen alle Hummeln ins Bett! Morgen ist auch noch ein Tag.«

Mit Hummel ist natürlich Leni gemeint. Das

sagt Mama immer, wenn es Zeit ist, ins Bett zu gehen. Jedenfalls dann, wenn sie gute Laune hat. Und die hat sie heute.

Leni verdreht die Augen und schlendert gemächlich in Richtung Kinderzimmer.

»Zähneputzen nicht vergessen!«, ruft Mama ihr noch hinterher.

Als Leni kurze Zeit später im Nachthemd und mit frisch geputzten Zähnen auf die Terrasse kommt, ist es draußen schon dunkel geworden. Auf dem Tisch und der Terrasse leuchten nun Kerzen und Laternen. Plötzlich macht Leni eine unglaubliche Entdeckung. Über dem Rasen tanzen lustige grüne Pünktchen durch die Luft.

»Seht mal!« Aufgeregt zeigt sie mit dem Finger auf die Stelle über dem Rasen. »Da tanzen grüne Pünktchen in der Luft. Oder sind das kleine grüne Gespensterchen?«

»Nein, nein!« Mama lacht. »Das sind Glühwürmchen.«

»Glühwürmchen?«, wiederholt Leni. »Die hab ich noch nie gesehen.«

»Die kann man auch nur sehen, wenn es dunkel ist. Und da schläfst du meistens schon.«

»Wie gut, dass Glühwürmchen auch samstags fliegen.« Leni kann ihr Glück kaum fassen.

Sarah muss so lachen, dass sie sich an ihrer Apfelschorle verschluckt und ganz doll zu husten anfängt. Mama ist gleich zur Stelle und klopft ihrer Freundin auf den Rücken.

Nachdem Sarah wieder einigermaßen Luft bekommt, sagt sie: »Eigentlich sind Glühwürmchen gar keine Würmchen. Genau genommen sind es kleine Käfer. Aber weil die Weibchen eher aussehen wie Larven oder Würmchen, nennt man sie Glühwürmchen. Leuchtkäfer wäre eigentlich die treffendere Bezeichnung.«

Wie gut, dass Sarah heute zu Besuch ist. Sie hat nämlich Biologie studiert und kennt sich aus.

»Und wie sehen diese Glühwürmchen, äh, Käfer, aus?«, fragt Leni gespannt.

»Hast du mal ein paar Buntstifte? Dann male ich sie dir auf.« Sarah ist gleich in ihrem Element.

Und ob Leni Buntstifte hat! Sie flitzt los und ist mit einer Handvoll Buntstiften schnell wie der Blitz zurück.

Sarah nimmt den braunen Stift heraus und fängt sofort an. Nach wenigen Strichen kann man schon deutlich einen Käfer erkennen.

Leni ist begeistert. »Du kannst aber toll malen!«

»Das ist das Männchen. Es ist fast einen Zentimeter lang und hat vier Flügel, zwei Vorderflügel und zwei Hinterflügel.«

Männchen

Damit Leni sich die Größe besser vorstellen kann, zeigt Mama mit Daumen und Zeigefinger einen gewissen Abstand an. »Siehst du, ungefähr so groß.«

»So klein?«, fragt Leni.

»Ja, besonders groß sind sie wirklich nicht. Das Weibchen ist ein klitzekleines bisschen größer, nämlich statt acht zehn Millimeter«, erklärt Sarah und beginnt, das Weibchen zu zeichnen.

»Das sieht aber komisch aus«, meint Leni.

»Die Flügel der Weibchen sind nicht vollständig ausgebildet. Deshalb können die Weibchen nicht fliegen. Aus diesem Grund halten sich die Weibchen am Boden auf oder klettern an Grashalmen empor«, erklärt Sarah weiter.

Weibchen

»Dann sind die Glühwürmchen, die gerade über dem Rasen tanzen, also alles Männchen?«, will Mama wissen.

»Genau«, antwortet Sarah.

»Aber deine Glühwürmchen leuchten doch gar nicht!«, stellt Leni fest.

Sarah nimmt einen grünen Stift und malt dem Männchen hinten am Körper zwei große grüne Blockstreifen auf der Bauchseite auf. Und das Weibchen bekommt lustige grüne Punkte über den Körper verteilt aufgemalt.

»So, jetzt leuchten sie.«

Leni staunt und fragt: »Und wie machen die das?«

»Hast du einen Leuchtstab?«, fragt Sarah.

Leni nickt, und Sarah erklärt weiter: »Wenn du den Leuchtstab knickst, kommen zwei Flüssigkeiten zusammen, und der Leuchtstab beginnt zu leuchten. Genauso machen es die Glühwürmchen auch.«

»Also eine Biolumineszenz?«, fragt Mama.

»Richtig«, antwortet Sarah.

»Eine Bio-was?« Leni versteht nur Bahnhof.

»Halb so wild, das hört sich schwieriger an, als es ist«, beschwichtigt Sarah. »Damit ist einfach nur die Fähigkeit von Lebewesen gemeint, Licht zu erzeugen. Und das machen sie durch chemische Vorgänge. Und dieses schwierige Wort *Biolumineszenz* beinhaltet das lateinische Wort *luminare*, was *erhellen* oder *erleuchten* bedeutet.«

»Und wieso leuchten sie überhaupt?«, will Leni wissen.

Als Sarah gerade antworten will, hat Leni eine Idee. »Vielleicht sind sie von Beruf Nachtwächter, und sie machen alles hell, damit die anderen Tiere im Dunkeln auch etwas sehen.«

Sarah und Mama lachen laut.

»Warum lacht ihr denn so?« Leni schaut unsicher von Mama zu Sarah.

»In der Natur gibt es ja vieles«, antwortet Sarah und wischt sich dabei eine Lachträne aus dem Auge. »Aber von Nachtwächtern habe ich noch nie gehört! Nein, das Leuchten senden sie aus, damit sie sich zur Paarung finden. Da die Weibchen nicht fliegen können, sitzen sie in den Wiesen. Damit die Männchen sie besser finden, beginnen sie in den Abendstunden dauerhaft zu leuchten. Auf diese Weise signalisieren sie ihre Paarungsbereitschaft. Sobald ein ebenfalls leuchtendes Männchen sie entdeckt hat, lässt er sich auf sie fallen, und es kommt zur Paarung am Boden. Wenn sie sich gefunden haben, machen sie ihre Lichter aus. An Waldrändern treffen sich zur Paarungszeit oft Tausende Glühwürmchen. Dieses wundervolle Spektakel können wir jedes Jahr von Ende Mai bis Ende Juli beobachten, wobei der Höhepunkt um den Johannistag liegt.«

»Das habe ich auch nicht gewusst!«, sagt Mama.

»Und wann ist der Johannistag?«, will Leni wissen.

»Am vierundzwanzigsten Juni«, antwortet Sarah.

»Das ist ja heute«, stellt Mama fest.

»Stimmt«, sagt Sarah. »Und ich kenne gar nicht weit von hier eine Stelle, wo es vor Glühwürmchen nur so wimmelt. Falls ihr noch nicht zu müde seid …«

»Oh ja, da will ich hin!«, ruft Leni und klatscht vor Begeisterung in die Hände.

»Aber nur, wenn dafür heute die Gutenachtgeschichte ausfällt«, meint Mama.

Damit ist Leni einverstanden, rennt zur Garderobe und zieht Gummistiefel und Jacke an.

»Du siehst ja lustig aus! Mit Gummistiefeln und Nachthemd.« Sarah lacht.

Mama grinst. »Solange sich die Glühwürmchen nicht erschrecken, ist doch alles in Ordnung.«

»Genau! Von mir aus kann's losgehen«, sagt Leni und rennt hinaus zum Auto.

Mama pustet schnell die Kerzen aus und eilt hinterher.

Obwohl die Fahrt wirklich nur kurz ist, rutscht Leni in ihrem Kindersitz aufgeregt hin und her – so als ob sie ganz viele Hummeln im Po hätte.

Und als sie in einen kleinen Waldweg abbiegen, hält Leni es in ihrem Sitz kaum noch aus. Zum Glück sind sie jetzt da!

»Das letzte Stück gehen wir zu Fuß.« Sarah nimmt die Taschenlampe aus dem Handschuhfach. Im Wald ist es nämlich ziemlich dunkel.

Plötzlich macht der Weg eine Biegung. Und hinter der Biegung kommen Tausende und Abertausende grüne Pünktchen zum Vorschein. Und damit man ihr Leuchten besser sehen kann, knipst Sarah die Taschenlampe aus.

»Oh, sind das viele Glühwürmchen«, staunt Leni. »Bestimmt Millionen.«

»Na, habe ich euch zu viel versprochen?«, fragt Sarah.

»Nein, es ist fantastisch«, schwärmt Mama. »Wie eine ganze Galaxie aus Abertausenden Sternen!«

»Das ist so schön«, sagt Leni und ist überglücklich. Denn keine Gutenachtgeschichte der Welt hätte schöner sein können als dieses Erlebnis! Und bestimmt wird sie diese Nacht von all den Glühwürmchen träumen.

Warum können Knochen manchmal brechen?

Paul ist mächtig stolz, denn seit ein paar Tagen geht er vormittags zur Schule. Obwohl er erst fünf ist. Genau genommen ist es keine richtige Schule, sondern eine Skischule. Heute sind sie auf Skiern durch ein buntes Tor gefahren. Und alles ohne Stöcke! Die kommen erst später, hat Toni, der Skilehrer, gesagt. Zuerst muss man lernen, das Gleichgewicht zu halten.

»Guckt mal, wie toll ich schon fahren kann!«, ruft Paul seinen Eltern zu.

»Das machst du wirklich gut«, sagt Mama beeindruckt.

Papa nickt. »Das finde ich auch. Klasse!«

Doch kaum hat Paul Fahrt aufgenommen, rast plötzlich ein Skifahrer ziemlich schnell und sehr dicht an ihm vorbei. Paul erschreckt sich, verliert das Gleichgewicht und fällt hin. Mit der Hand versucht er, den Sturz abzufangen. Aber da macht es plötzlich *knacks*, und Paul verspürt einen

heftigen Schmerz im Arm. Alles ging so schnell, dass er ganz vergessen hat, richtig zu fallen. Denn auch das haben sie in der Skischule geübt.

»So ein Esel!«, ruft Papa wütend und rennt zu Paul.

Mama kommt auch dazu. »Lass mal sehen. Wo tut es denn weh?«

Sobald Mama den Arm berührt, schreit Paul auf. Aber es ist nichts zu sehen.

»Oje.« Mama seufzt. »Das sieht nicht gut aus. Den Arm müssen wir röntgen lassen. Vielleicht ist er gebrochen.«

»Am besten fahren wir gleich ins Krankenhaus«, meint Papa.

»Ich habe gehört, dass es im Ort einen sehr guten Unfallarzt geben soll«, sagt Mama, während sie Paul die Ski auszieht.

»Dann fahren wir da hin!« Papa trägt Paul vorsichtig zum Auto. Mama nimmt Pauls Ski aus dem Schnee und folgt den beiden.

Wenig später sitzen sie im Wartezimmer von Doktor Brümmer, dem Unfallarzt. Zum Glück ist gar nicht viel los, und Paul ist gleich dran.

Nachdem Mama erzählt hat, was passiert ist, tastet Doktor Brümmer Pauls Arm vorsichtig ab.

»Au!«, schreit Paul, als der Arzt an eine bestimmte Stelle kommt.

Sofort lässt Doktor Brümmer Pauls Arm los. »Hm, das ist die Speiche. Da müssen wir erst mal röntgen. Am Röntgenbild können wir dann ganz genau sehen, was mit deinem Arm los ist.«

»Tut das weh?«, fragt Paul sicherheitshalber nach.

»Nein, nein, röntgen tut überhaupt nicht weh. Das verspreche ich dir.« Doktor Brümmer lacht. »Wir machen nur ein Foto von deinem Arm. Aber kein gewöhnliches Foto, sondern ein Foto, auf dem man deinen Arm von innen sehen kann.«

Das findet Paul spannend, denn von innen hat er sich noch nie gesehen. Neugierig geht er mit der Sprechstundenhilfe mit und lässt seinen Arm röntgen.

Als das Röntgenbild fertig ist, hängt die Sprechstundenhilfe es vor eine beleuchtete Glaswand. Paul ist ein bisschen enttäuscht von dem Foto, viel erkennen kann er darauf nicht. Alles ist nur schwarz, weiß und grau. Auch Pauls Eltern stehen etwas ratlos davor.

»Dann wollen wir mal schauen.« Doktor Brümmer sieht sich das Foto an. »Da hast du aber noch mal Glück gehabt! Es ist eine leichte Grünholzfraktur der Speiche, zum Glück ohne Fehlstellung des Knochens.«

»Eine Grünholzfraktur?«, fragt Mama. »Das habe ich noch nie gehört.«

»Ich auch nicht«, sagt Papa.

»Die Knochen von Kindern sind wesentlich elastischer als die Knochen von Erwachsenen«, erklärt Doktor Brümmer. »Außerdem ist die Knochenhaut bei ihnen dicker als bei Erwachsenen. Deshalb brechen die Knochen von Kindern in vielen Fällen nicht komplett durch. Die elastischen Knochen brechen an der Zugseite, also an der Seite, die bei der Verbiegung gedehnt wird; die andere Seite bleibt intakt. Diese Art der Fraktur ist mit dem Brechen von einem grünen Ast vergleichbar, der aufgrund seiner Biegsamkeit nur teilweise an einer Seite bricht. Daher nennen wir diesen Bruch Grünholzfraktur. Bei dieser Art Bruch ist häufig nicht mal eine Schwellung sichtbar.«

Paul versteht nur Bahnhof. »Ist mein Arm nun gebrochen oder nicht?«

»Zur Hälfte«, antwortet Doktor Brümmer. »Komm, ich zeige dir das am Röntgenbild. Siehst du, im Unterarm sind zwei Knochen. Das hier ist die Elle, und das die Speiche. Und wenn du nun ganz genau hinschaust, kannst du an der Speiche einen kleinen Riss erkennen.«

»Ja, ich sehe ihn!«, ruft Paul. »Und was machen wir jetzt? Wird der Knochen denn wieder ganz?«

»Na klar! Aber wir brauchen gar nichts zu tun. Das macht der Knochen von alleine.«

Das kann Paul kaum glauben. »Und wie?«

»Ja, das ist schon ein kleines Wunder«, sagt Doktor Brümmer. »Jetzt kommen unsere Selbstheilungskräfte ins Spiel. Botenstoffe im Körper signalisieren ihm, die Heilung einzuleiten. Zuerst bildet sich an der Bruchstelle aus Knorpelgewebe eine Art Gerüst. Danach rücken Zellen an, die für den Knochenaufbau zuständig sind. Man nennt Sie *Osteoblasten*. Am besten stellst du dir diese wie winzige Bauarbeiter vor, die zu Tausenden und Abertausenden anmarschieren, um den Knochen zu reparieren. Sie haben die Aufgabe, Kalzium in das Gerüst aus Knorpelgewebe einzulagern, um

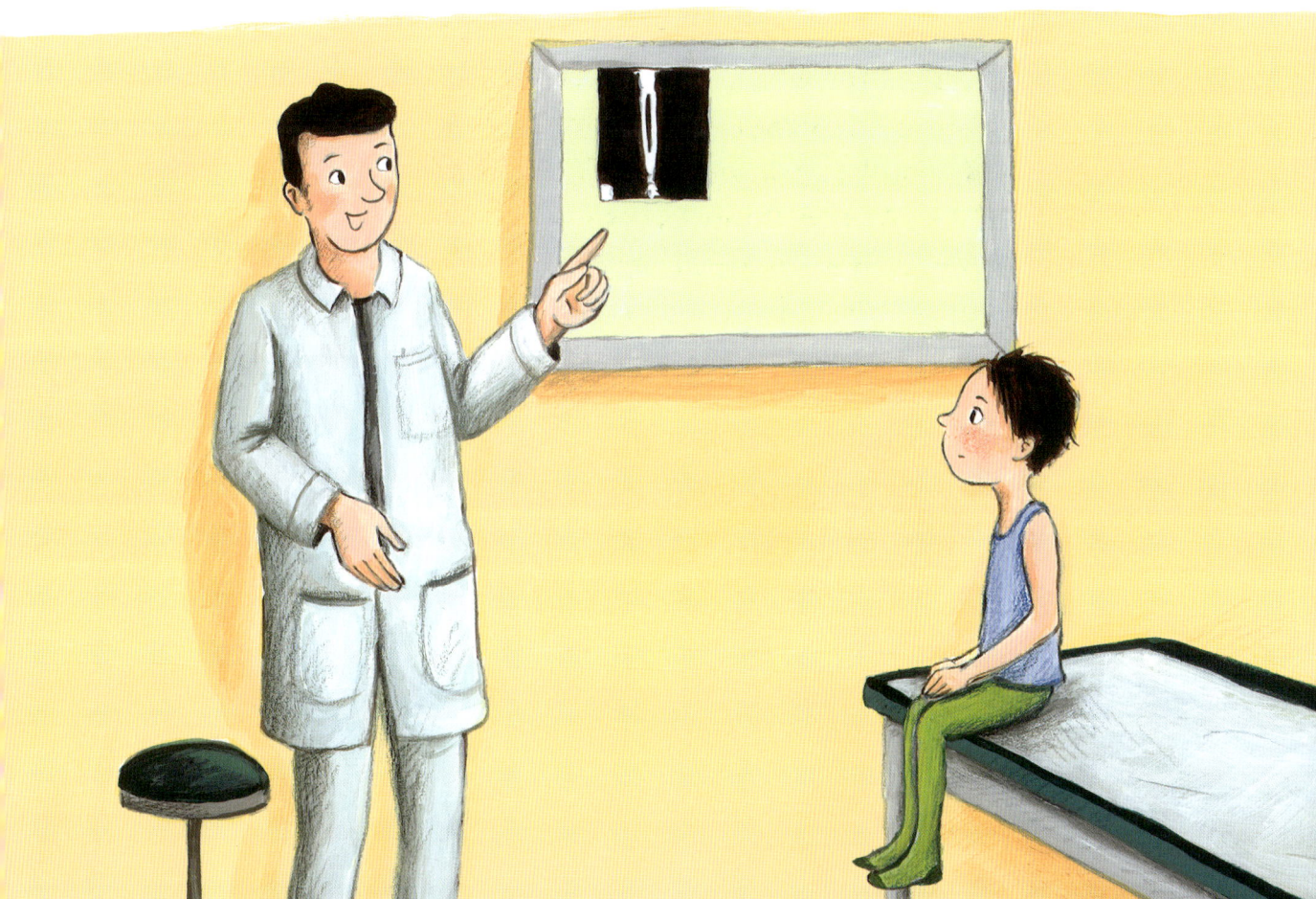

es zu festigen. Auf diese Weise entsteht neues Knochenmaterial, das die Bruchstelle schließt. Nach einiger Zeit ist die ehemalige Bruchstelle von einer dicken neuen Knochenschicht umgeben. Die *Osteoblasten* sind sehr fleißig und bauen viel mehr Knochen auf, als wirklich notwendig ist. Dadurch entsteht eine Verdickung.«

»Und das passiert alles von ganz allein?«, fragt Paul erstaunt.

»Ja, aber die Reparaturmaßnahmen gehen noch weiter. Denn nun rücken die *Osteoklasten* an. Sie tragen die Verdickung wieder ab. Das tun sie so lange, bis der Knochen an der Bruchstelle wieder seine ursprüngliche Form hat.«

»Wow«, sagt Papa. »Was für eine beeindruckende Leistung!«

»Das stimmt. Wir brauchen nichts anderes zu tun, als den Knochen durch einen Gips ruhigzustellen«, antwortet Doktor Brümmer.

»Aber warum brechen Knochen manchmal?«, will Paul wissen.

»Das tun sie nur, wenn sie sehr großem Druck ausgesetzt sind, zum Beispiel bei einem Sturz oder einem Unfall«, erklärt Doktor Brümmer. »Da wirken enorme Kräfte. Wenn die Krafteinwirkung größer ist als die Knochenelastizität, dann bricht der Knochen. Oft stellen wir uns Knochen als starres, totes Material vor, aber das ist nicht richtig. Im Knochen findet ein ständiger Auf- und Abbau von Zellen statt. Zwar geht das mit zunehmendem Alter langsamer, aber selbst bei einem sehr alten Menschen bestehen die Knochen aus Material, das nicht älter als zwanzig Jahre ist. Und so ist auch die Stärke der Knochen unterschiedlich: Ein Knochen, den man stark belastet, wird stärker, und ein unbelasteter Knochen bildet sich zurück. Man kann unsere Knochen als Wunder der Natur bezeichnen. Einerseits sind sie weich und elastisch und andererseits von großer Festigkeit. Diese Gegensätzlichkeit ihrer Eigenschaften macht ihre große Stabilität aus.«

»Wie stark ist denn der größte menschliche Knochen?«, fragt Mama.

»Der größte menschliche Knochen ist der Oberschenkelknochen. Der hält eine enorme Gewichtskraft aus. So könnte man zum Beispiel einen voll beladenen Wohnwagen mit einer Länge von sechs Metern abschleppen und dabei den Oberschenkelknochen als Abschleppstange benutzen.«

»Was? Einen ganzen Wohnwagen?«, fragt Paul.

»Aber das ist noch nicht alles!«, fährt Doktor Brümmer fort: »Neben dieser Druckfestigkeit weist der Oberschenkel auch eine große Biegefestigkeit auf. Sie ist so groß, dass man ihn sogar als Baustahl verwenden könnte.«

»Das ist unglaublich, was unsere Knochen alles können!«, sagt Mama.

Doktor Brümmer nickt. »Wir haben mehr als 200 Knochen in ganz unterschiedlichen Formen und Größen in unserem Körper, die alle zusammen unser menschliches Skelett bilden. Zum einen stützen sie unseren Körper, und zum anderen schützen sie auch unsere Organe. Der Schädel das Gehirn und die Rippen das Herz und die Lunge«, fügt Doktor Brümmer hinzu.

»Was passiert jetzt mit meinem halb gebrochenen Knochen?«, fragt Paul.

»Den gipsen wir ein und stellen ihn ruhig, damit die winzigen Bauarbeiter ihre Arbeit tun können«, antwortet Doktor Brümmer.

»Und wie lange muss der Gips dann um den Arm bleiben?«, will Mama wissen.

»Drei bis vier Wochen wird es schon dauern«, sagt Doktor Brümmer.

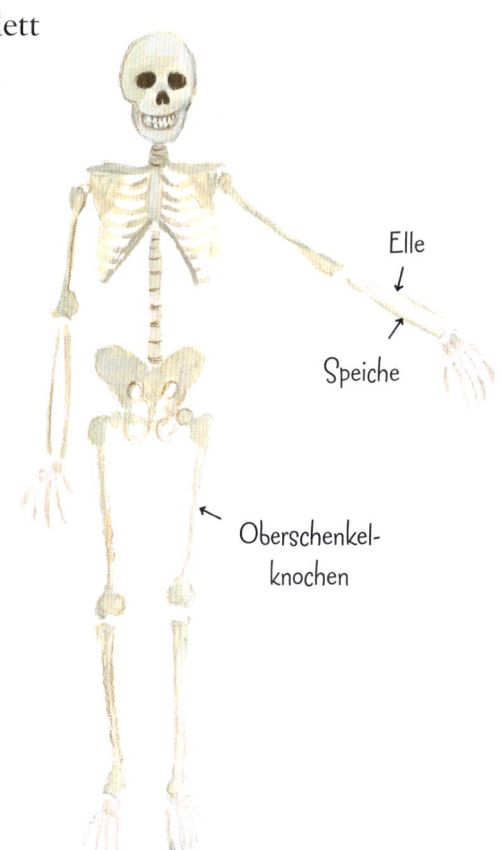

Elle

Speiche

Oberschenkel-
knochen

»So lange?«, fragt Paul entsetzt. »Aber danach sind die Winterferien vorbei! Und dann kann ich gar nicht mehr skifahren lernen!«

»Das musst du wohl auf nächstes Jahr verschieben«, meint Doktor Brümmer.

»Und was soll ich die ganze Zeit tun?«, fragt Paul.

»Na ja, als mein Arm gebrochen war, habe ich *Tom Sawyer* gelesen«, erinnert sich Doktor Brümmer und lächelt. »Da war ich neun oder zehn. Und als das Buch ausgelesen war, war mein Arm wieder heile.«

»Bist du auch beim Skifahren hingefallen?«, fragt Paul.

»Nein, ich bin vom Baum gefallen.«

»*Tom Sawyer* – das ist eine tolle Idee!«, sagt Papa. »Ich lese dir das Buch vor. *Tom Sawyer und Huckleberry Finn* wollte ich nämlich immer schon mal lesen. Als Junge habe ich es leider verpasst. Aber jetzt ist die Gelegenheit dazu. Und wenn wir beide es zusammen lesen, macht es doppelt so viel Spaß.«

»Und zu den Geschichten gibt's ganz viel Joghurt, Käse und Quark. Denn da ist viel Kalzium drin. Schließlich brauchen die kleinen Bauarbeiter Material zum Reparieren«, sagt Mama.

»Himbeerjoghurt mag ich am liebsten!«, ruft Paul und findet seinen halb gebrochenen Arm plötzlich gar nicht mehr so schlimm.

Wie funktioniert ein Fernglas?

Regen, Regen, nichts als Regen. Dick und grau hängen die Wolken am Himmel, und Layla fühlt sich bleischwer und müde vor Langeweile. Drei Tage Nieselregen – und das mitten im schönsten Urlaub.

»Mal doch was!«, hat Mama gesagt, bevor sie mit dem Auto ins Dorf gefahren ist. Aber Layla hat schon alles gemalt: das Gästehaus, die Blumenwiesen, den See mit dem Bootssteg und die Berge drum herum. Zum Malen hat Layla einfach keine Lust mehr. Lieber ordnet sie noch mal die Stapel mit den Urlaubsprospekten auf der Theke im Frühstücksraum.

Die Prospekte sind voll mit fröhlichen Fotos: Kinder beim Planschen im See, Mädchen im Paddelboot, ein Junge auf der Schaukel, eine Familie beim Ausflug in den Wildpark, in dem man Hirsche, Wildschweine und Rehe beobachten kann. So ein Mist, denkt Layla. Der Urlaub könnte wunderbar sein – wenn es nur endlich aufhören würde zu regnen!

Layla legt die Broschüre vom Wildpark zurück auf den Stapel. Nanu – was ist denn das? Da liegt eine kleine schwarze Tasche auf dem Tisch, die genauso aussieht wie die von Mamas Kamera. Layla zieht den Reißverschluss auf und schaut hinein. Aber in der Tasche ist kein Fotoapparat, sondern ein merkwürdiges Ding zum Durchgucken.

»Ach, da ist ja mein Fernglas!«, hört Layla eine Stimme hinter sich. »Ich hab es schon überall gesucht.«

69

Erschrocken steckt Layla das Fernglas in die Tasche zurück.

»Kein Problem«, sagt die Frau. »Du kannst ruhig durchschauen. Ich hab das Fernglas gestern nach meiner Tour durch den Wildpark hier liegen lassen.«

»Sie waren im Wildpark?«, fragt Layla. »Bei dem Regen?«

»Na klar«, antwortet die Frau. »Tiere kann man bei jedem Wetter beobachten. Ich habe übrigens hinterm Haus gerade ein Nest mit Amselküken entdeckt. Ich will mir anschauen, wie sie fliegen lernen. Kommst du mit?«

Wenig später sitzt Layla neben Carmen auf der Bank unter dem Terrassenvordach. Carmen heißt die Frau mit dem Fernglas, und sie kennt sich mit Tieren richtig gut aus.

»Auf dem gekrümmten Ast ganz weit rechts ist das Nest. Kannst du es sehen?«

Layla hält das Fernglas vor ihre Augen. Sie sieht die Äste und Blätter der Buche gegenüber so nah, als säße sie selbst wie ein Vogel mitten in der Baumkrone. Laylas Blick sucht die Zweige ab, aber in dem Gewirr von Blättern und Ästen ist es nicht so leicht, etwas zu entdecken.

»Schau mal da!«, flüstert Carmen.

Layla nimmt das Fernglas runter. Mit ihrem Blick folgt sie Carmens ausgestrecktem Zeigefinger. Als Layla dann das Fernglas wieder vor die Augen hält, sieht sie ganz groß und wie von Nahem drei Amselküken, die ihre gebogenen Schnäbel über den Nestrand recken.

»Oh ja!«, jubelt Layla. »Wie niedlich!«

»Pst.« Carmen lächelt. »Wir müssen leise sein, sonst erschrecken wir die Kleinen.«

Layla klemmt die Zungenspitze zwischen die Zähne und beobachtet, wie eines der graubraunen Küken aufgeregt auf dem Nestrand entlanghüpft. Wie eine flauschige Federkugel sieht es aus. Ab und zu spreizt es seine kurzen Flügel und plustert die Brustfedern.

»Es scheint mächtig stolz zu sein, dass es sich schon an den Nestrand traut«, meint Carmen. »Ich glaube, da kommt Besuch!«

Das Amselküken fiept und tschilpt und hüpft zurück ins Nest. Die Amselmutter kommt angeflogen und steckt Futter in die offenen Schnäbel ihrer Küken. Sie fressen und schauen ihre Mama neugierig an. Die Amselmutter hüpft auf dem Ast entlang und schlägt mit den Flügeln. In einiger Entfernung zum Nest legt die Mutter den Kopf schief und wartet. Eines der Küken klettert auf den Nestrand, schlägt mit den Flügeln und plumpst ungeschickt hintenüber. Das sieht so drollig aus, dass Layla kichern muss. Aber schon taucht der Kopf der kleinen Amsel wieder aus dem Nest auf. Mit einem Satz ist sie auf dem Rand und hüpft den Ast entlang. Die Mama lässt ihr Küken näher kommen, dann stößt sie sich ab und fliegt davon. Das Küken bleibt sitzen und guckt verwirrt. Es scheint zu überlegen, was es jetzt machen soll.

»Es hat nicht verstanden, wie fliegen funktioniert!«, flüstert Layla.

71

»Ja, oder es hat Angst«, meint Carmen.

Die kleine Amsel beginnt, ganz wild zu flattern, und hüpft dabei auf dem Ast entlang. Da landet die Mama wieder neben ihrem Küken und belohnt es für den Flugversuch mit einem Leckerbissen.

»Super!« Layla ist begeistert. »Ich habe noch nie einen Vogel von so Nahem gesehen. Wie funktioniert ein Fernglas?«

»Das ist eigentlich ganz einfach.« Carmen nimmt Layla das Fernglas aus der Hand. »Ein Fernglas ist nichts weiter als zwei Fernrohre nebeneinander. Fernrohre verwendeten schon die Seefahrer vor vielen Hundert Jahren. Damit konnten sie nach entfernten Inseln oder dem Festland Ausschau halten. Der Vorteil bei einem Fernglas ist, dass du mit beiden Augen durchschauen kannst und nicht ständig ein Auge zukneifen musst. Weißt du, wie ein Lupe funktioniert?«

»Klar«, sagt Layla. »Wenn man durch eine Lupe schaut, sieht man alles vergrößert. Im Kindergarten haben wir Becherlupen. Die zeigen die Tiere, die wir im Becher gefangen haben, riesig groß!«

»Ein Fernglas funktioniert ähnlich«, erklärt Carmen. »In der Becherlupe sitzt eine Linse im Deckel. Linsen sind bauchig geschliffene Scheiben aus Glas oder Kunststoff, die alles vergrößern. In einem Fernglas sitzen in jedem Rohr zwei Linsen – eine vorne und eine hinten. Die Linsen hinten heißen Okular. *Oculus* ist lateinisch und bedeutet Auge. Durch das Okular schaust du mit den Augen durch. Die Linsen am vorderen Ende des Fernglases heißen Objektiv. Objekt kommt ebenfalls aus dem Lateinischen und bedeutet »eine Sache, auf die man sein Interesse richtet«. Das Objektiv zeigt also auf die Sache, die du dir durch das Fernglas anschaust. Das kann zum Beispiel ein Blatt im Baum sein. Die Linse im Objektiv fängt die Lichtstrahlen ein, die das Blatt zurückwirft, und bündelt sie im Fernglas zu

72

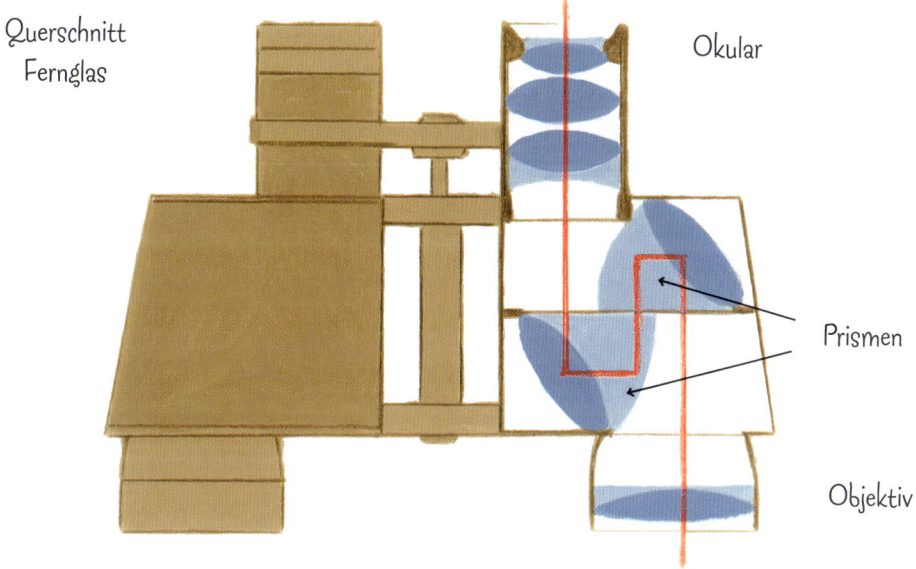

Querschnitt Fernglas

Okular

Prismen

Objektiv

einem Bild. Das ist klein, seitenverkehrt und steht auf dem Kopf. Damit das Bild richtig herum gedreht wird, gibt es im Fernglas zwischen den beiden Linsen mehrere Spiegel oder Prismen. Die drehen das Bild richtig rum, aber es ist trotzdem noch viel kleiner als das Objekt. Wenn du das Blatt vom Baum allerdings durch das Okular anschaust, wirkt es groß.«

»Weil das Okular wie eine Lupe ist?«

»Genau. Die Linse im Okular vergrößert das Objekt, und du hast den Eindruck, ganz nah dran zu sein.« Carmen lächelt und hält sich das Fernglas vor die Augen. »Rate mal, was ich jetzt da drüben auf der Straße sehe? Ein rotes Auto mit einem Dachgepäckträger.«

»Das ist Mama!«, freut sich Layla. »Sie kommt aus dem Dorf zurück.« Carmen gibt Layla das Fernglas.

Layla beobachtet, wie Mama unten am Parkplatz hält und aussteigt. »Mama hält etwas in der Hand. Was ist das bloß?«, rätselt Layla. Sie dreht am Rädchen in der Mitte und stellt scharf. »Ach, ich hab's. Das sind Eintrittskarten für den Wildpark. Hurra! Kommst du auch mit, Carmen?«

Carmen überlegt. »Vielleicht … aber den Wildpark kenne ich schon.«

»Na und? Mit einem Fernglas kannst du überall neue Dinge entdecken!«, ruft Layla.

»Stimmt.« Carmen lächelt. »Und weißt du was? Es hat aufgehört zu regnen. Also los, auf in den Wildpark!«

Warum fallen die Sterne nicht vom Himmel?

Mia und Pia sind Zwillinge. Eineiige noch dazu. Das bedeutet, dass Mia genauso aussieht wie Pia – und Pia wie Mia. Aber auch wenn sie sich wie ein Ei dem anderen ähneln, sind sie nicht gleich. Mia wurde zuerst geboren und will auch sonst immer die Nase vorn haben. Pia ist ein bisschen schüchtern. Kein Wunder also, dass Mia im Etagenbett oben schläft. Doch Pia findet es unten sowieso viel gemütlicher.

Gerade hat Papa ihnen eine Gutenachtgeschichte vorgelesen.

»Noch eine! Bitte …«, bettelt Mia.

Aber darauf lässt Papa sich nicht ein. Denn dann würde er stundenlang vorlesen. Und eigentlich sollen Mia und Pia ja schlafen.

»Nein«, sagt Papa. »Morgen früh um sieben klingelt der Wecker, und dann geht's in den Kindergarten. Da könnt ihr viele tolle Sachen machen. Aber dafür muss man ausgeschlafen sein.« Papa gibt den Zwillingen einen Gutenachtkuss.

Als er das Zimmer der beiden verlässt, knipst Papa das Licht aus.

Kurz darauf fällt Mia etwas ins Gesicht. Erschrocken macht sie ihr kleines Nachtlämpchen an. »Oh, ein Stern ist runtergefallen.«

»Was ist?«, fragt Pia von unten.

»Da ist ein Stern aus meinem Himmel gefallen«, antwortet Mia. »Genau in mein Gesicht.«

Über Mias Bett ist nämlich ein Sternenhimmel. Mama und Papa haben ganz viele Leuchtsterne an die Decke geklebt. Das findet Mia wunderschön. Wenn das Licht ausgeht, beginnen die Sterne zu leuchten.

»Meine hängen alle noch.« Pia findet ihre Sterne natürlich auch wunderschön. Pias Sterne hängen an der Unterseite von Mias Bett, so hat auch sie einen Sternenhimmel über sich.

Plötzlich kommt Mia ein schrecklicher Gedanke. »Ob die echten Sterne auch vom Himmel fallen können?«

Das lässt ihr keine Ruhe. Das muss sie sofort überprüfen! Schnell klettert Mia die Holzleiter hinunter und läuft zum Fenster. Pia rennt Mia hinterher. Mit großen Augen betrachten die beiden den Nachthimmel.

»Zum Glück sind die Sterne noch alle da!«, stellt Mia erleichtert fest.

»Sind die eigentlich auch festgeklebt?«, fragt Pia. »So wie meine Sterne am Bett?«

»Quatsch!«, ruft Mia. »Woran sollen sie denn festgeklebt sein?«

Das weiß Pia auch nicht und zuckt mit den Schultern.

Plötzlich fällt eine Sternschnuppe vom Himmel und zieht einen ziemlich langen Schweif hinter sich her.

Mia und Pia sehen sich erschrocken an und laufen, so schnell sie können, zurück zum Etagenbett. Sie springen beide ins untere Bett und ziehen sich die Decke bis über die Ohren.

»Zum Glück liegen wir in meinem Bett«, flüstert Pia.

»Wieso?«, fragt Mia.

»Wenn die Sterne vom Himmel fallen, krachen sie alle auf dein Bett. Weil dein Bett oben ist.«

»Und was ist, wenn sie durchkrachen?« Mia sieht ihre Schwester mit großen Augen an. »So ein Stern ist bestimmt ganz schön schwer!«

Im nächsten Moment fliegt die Bettdecke zur Seite, die beiden springen aus dem Bett und rufen wie aus einem Mund: »PA-PA!«

»Was ist denn los?«, fragt Papa als er das Zimmer betritt. »Warum schreit ihr denn so laut?«

Auch Lukas, Mias und Pias älterer Bruder, kommt ins Zimmer.

»Die Sterne fallen vom Himmel!«, sagt Mia aufgeregt.

Die Zwillinge kuscheln sich wieder zusammen in Pias Bett.

»Nein, nein. Da braucht ihr euch wirklich keine Sorgen zu machen!« Papa setzt sich auf die Bettkante. »Die Sterne können nicht vom Himmel fallen.«

»Haha.« Lukas lacht. »Die Minis denken, dass ihnen die Sterne auf den Kopf fallen! Ihr seid ja besser als die Gallier aus *Asterix und Obelix*! Die haben immer Angst davor, dass ihnen der Himmel auf den Kopf fallen könnte.«

Lukas nennt die Zwillinge immer Minis. Und das nur, weil er schon dreizehn ist und aufs Gymnasium geht.

Aber davon lässt Mia sich nicht einschüchtern. »Und wieso nicht? Sonst fällt doch auch alles runter. Eben ist mir sogar ein Leuchtstern von der Decke auf den Kopf gefallen!«

»Das kommt durch die Erdanziehungskraft«, erklärt Lukas seinen Schwestern. »Allerdings sind die Sterne viel zu weit weg, um von dieser Kraft angezogen zu werden.«

Das weiß Lukas deshalb so genau, weil Sterne und Planeten sein absolutes Lieblingsthema sind. Sein ganzes Zimmer hängt voller Bilder aus dem Universum. Wirklich überzeugt sehen Mia und Pia nach dieser Erklärung allerdings nicht aus. Da hat Lukas eine Idee. Er nimmt zwei Magnete von der Pinnwand und legt sie auf den Nachttisch neben Pias Bett. Und schon hängen sie ganz fest aneinander. Mit dem Fingernagel drückt Lukas die beiden kleinen Magnete wieder auseinander. Das ist gar nicht so einfach, weil sie immer wieder zusammenkommen wollen.

»Wie ihr seht, ist die Kraft ganz schön stark«, sagt Lukas. Doch schließlich hat er es geschafft. »Wenn ich nun den einen Magneten auf den Nachttisch lege und mit dem anderen im Zimmer spazieren gehe, passiert gar nichts.«

»Weil du zu weit weg bist?«, fragt Mia.

»Genau!«, antwortet Lukas. »Stellt euch einfach vor, euer Zimmer wäre das Universum und der kleine Magnet auf dem Nachttisch die Erde.«

»So eine winzige Erde?« Pia sieht ihrem Bruder dabei zu, wie er durch ihr Zimmer läuft.

Lukas nickt. »Ja, im Vergleich zum Universum ist die Erde echt winzig.«

»Lukas geht im Universum spazieren!«, ruft Mia und lacht.

Papa und Pia finden das auch lustig und grinsen von einem Ohr zum andern.

Aber Lukas lässt sich nicht beirren und bleibt bei der Sache: »Ich muss schon ziemlich nah an den zweiten Magneten herangehen, damit die Anziehungskraft wirkt.«

Jetzt sind alle sehr gespannt, wie dicht Lukas mit dem Magneten in der Hand an den Magneten auf dem Nachttisch herankommen muss, damit die beiden sich anziehen. Sie starren wie gebannt auf den kleinen Magneten. Es ist mucksmäuschenstill. Lukas kommt näher und näher. Aber nichts passiert. Erst als die beiden Magnete nur noch ungefähr eine Handbreit auseinander sind, macht es plötzlich *klack* – und die beiden Magnete haften wieder so fest aneinander wie zuvor.

»Seht ihr, die Erde ist wie ein Magnet. Sie zieht alles zu sich heran. Darum fallen alle Dinge immer nach unten. Je weiter etwas von der Erde weg ist, desto schwächer wirkt sich die Anziehungskraft der Erde aus. Und die Sterne sind sehr, sehr weit weg. So weit, dass die Kraft der Erde nicht mehr bis zu ihnen reicht. Deswegen können die Sterne nicht vom Himmel fallen.«

»Aber als wir eben aus dem Fenster geschaut haben, ist ein Stern vom Himmel gefallen. Ich hab's genau gesehen!«, sagt Mia.

»Ich auch!«, bestätigt Pia. »Der hatte einen ganz langen Schwanz.«

»Das war kein Stern. Das war eine Sternschnuppe.« Lukas lacht.

»Was gibt's denn da zu lachen?«, fragt Mia beleidigt.

»Haha, weil eine Sternschnuppe nur ungefähr so groß wie ein Sandkorn ist«, antwortet Lukas.

»Das kann nicht sein«, meint Mia. »Wir haben einen riesigen Feuerschwanz gesehen.«

»Das heißt Feuer*schweif*.« Lukas lächelt seine Schwestern an. »Sternschnuppen sind klitzekleine Gesteinskörner, die aus dem Weltall auf die Erde zurasen. Dabei verglühen sie in der Atmosphäre. Weil die Gesteinskörner sehr schnell sind, erhitzt sich die Luft um sie herum *so* stark, dass das Gestein anfängt zu glühen. Dieser gigantische Feuerschweif am Himmel ist also die Leuchtspur, die eine Sternschnuppe auf ihrem Weg zur Erde hinterlässt. Das ändert aber nichts daran, dass das eigentliche Gesteinskörnchen nur so groß wie ein Sandkorn ist.«

»Na, das ist doch gut«, sagt Papa. »Denn vor etwas, das nur so groß wie ein Sandkorn ist, haben wir bestimmt keine Angst! Super, Lukas, das hast du toll erklärt. Und jetzt wird ganz schnell geschlafen. Mia oben und Pia unten.«

Als Mia in ihrem Bett liegt, ist die Welt wieder in Ordnung, und die Zwillinge schlafen schnell ein. Ja, manchmal ist es wirklich gut, einen großen Bruder zu haben! Auch wenn er sie ab und zu *Minis* nennt. Aber eigentlich ist er der beste Bruder der Welt.

Warum brennt scharfes Essen im Mund?

Vorsicht, scharf!, schreibt Mama auf das kleine Schild und malt eine Flamme darunter. »Die Soße ist sehr scharf«, sagt Mama zu Basti.

»Warum ist die Soße scharf, und warum malst du Feuer auf das Schild?«, fragt Basti.

»Deshalb!« Mama hebt eine kleine Schote hoch. »Das ist Chili. Und der ist so scharf, dass deine Zunge brennt, wenn du zu viel davon isst.« Mama klebt das Schild auf das Einmachglas mit der roten Soße. »Keine Angst, Basti. Gib nachher einfach nur einen kleinen Tropfen Soße auf dein Würstchen, dann passiert dir nichts. Es schmeckt angenehm scharf und zugleich etwas süß.«

Plötzlich kann Basti es nicht mehr aushalten, so einen Appetit auf Würstchen hat er. »Ich bring alles raus!«

Die Einmachgläser mit den Grillsoßen klirren leise, als Basti mit dem Tablett nach draußen läuft. Im Garten stellt er alles neben den Grill. Olaf fächelt den glühenden Kohlen mit einem Stück Pappe Luft zu. Olaf ist Mamas Freund aus dem Sportverein. Er hat Mama geholfen, das Dach auf den Fahrradschuppen zu schrauben. Und weil der Schuppen jetzt fertig ist, hat Mama ihn zum Grillen eingeladen.

»Kann ich auch mal?«, fragt Basti.

Olaf gibt Basti die Pappe. »Vorsicht, geh nicht zu nah an die Kohlen ran!«

Basti wedelt ganz langsam. Alle Kohlen im Grill glühen. Sie sehen aus wie rote Augen, die aufgehen, wenn die Luft von der Pappe drankommt.

»Gut gemacht.« Olaf lacht und klopft Basti auf die Schulter.

Beinahe wäre Basti umgekippt, so schwer ist Olafs Arm.

»Sorry, Kumpel. Ich vergesse einfach zu oft, wie viel Kraft ich habe. Wie isses? Holste die Würstchen?«

Bei dem Wort *Würstchen* rumort es wieder in Bastis Bauch. Er holt sie aus der Küche, und Olaf nimmt eins nach dem anderen mit den Fingern vom Teller und legt sie auf den Grill.

»Nimm lieber die Grillzange, sonst verbrennst du dich!«, warnt Basti.

»Ich doch nicht. Ich hab mich noch nie verbrannt.« Olaf wirft ein Würstchen hoch. Es schlägt in der Luft einen Salto und landet zischend auf dem Grill.

»Cool«, flüstert Basti. Nicht mal Papa könnte so geschickt Würstchen werfen.

Olaf hebelt seine Limoflasche an der Tischkante auf und prostet Basti zu. »Und jetzt schauen wir, was es noch so alles gibt. Ich hab einen Riesenhunger. Hey, da ist ja auch Chilisoße!« Olaf zwinkert Basti zu und steckt einen großen Löffel ins Glas.

»Vorsicht. Die brennt!«, erklärt Basti. »Mein Papa hat mal einen kleinen Löffel von der Soße auf sein Steak getan und dann …«

»Ja, dein Papa …«

Olaf hält den Löffel über seinen Mund und streckt die Zunge raus. Ganz dick und dunkelrot ist die. Vielleicht ist Chili ja nur für kleine Zungen gefährlich, überlegt Basti. Und den Zungen von großen Kerlen macht Chili nichts aus. Olaf kann schließlich auch freihändig auf dem Schuppendach balancieren, und er fürchtet sich nicht beim Schwimmen, wenn im tiefen Wasser die Schlingpflanzen von unten an seinem Bauch kitzeln.

Das Soßenhäufchen auf dem Löffel formt sich zu einem dicken Tropfen und fließt Olafs herausgestreckter Zunge entgegen. Basti erkennt deutlich die feuerroten Pünktchen in der Soße. Das sind Chilischotenstückchen. Wegen denen hat Mama sich extra Gummihandschuhe angezogen, als sie die Schoten klein gehackt hat. Denn die brennen sogar an den Händen.

»Stopp, Olaf«, flüstert Basti.

Aber das hört Olaf nicht. Der Soßenklecks plumpst auf Olafs Zunge, und Olaf schmatzt und schmeckt und lacht. »Hmmm … lecker, lecker, lecker. Aber Chilisoße ist was ganz … ahhh, was ganz … ahhhhhh, was … ahhhhhhhh!« Und dann schreit Olaf plötzlich: »Ahhh … auaaua … ahhh!« Sein Gesicht und seine Ohren

leuchten röter als die Grillkohle, und seine Augen werden groß wie Pingpongbälle. »Hmpf!« Olaf presst beide Hände an den Mund. Schweißperlen stehen auf seiner Stirn, und er hustet und bekommt fast keine Luft mehr. »Schnell, ich muss was trinken!«, keucht Olaf und lässt sich ins Gras plumpsen. Zwei dicke Tränen laufen aus seinen Augen.

»Hilfe, Mama! Olafs Zunge brennt!«, schreit Basti.

Es dauert weniger als drei Sekunden, da kommt Mama mit einer Packung Milch in den Garten gelaufen.

»Trink das, Olaf. Das Fett in der Milch löst die Scharfstoffe. Dann hört es auf zu brennen.«

Olaf trinkt in großen Schlucken. Nach einer Weile kann er wieder durchatmen. »Schon besser!«

Basti sitzt neben Olaf und legt ihm die Hand auf die Schulter. »Warum brennt Chili so im Mund?«, will er von Mama wissen.

»Zeig mal bitte deine Zunge, Olaf!«, sagt Mama.

Olaf streckt seine Zunge raus. Auf ihrer Oberfläche kann Basti viele kleine rosa Punkte erkennen.

»Die rosa Pickelchen sind Geschmacksknospen«, erklärt Mama. »Ungefähr hundert davon drängen sich auf einer Zunge zusammen. Sie sind mit feinen Härchen ausgestattet, und wenn ein Geschmack vorbeikommt, zum Beispiel süß, sauer oder bitter, melden die Geschmacksknospen das sofort über Nervenbahnen ans Gehirn. So weißt du immer, wie das Essen schmeckt, das auf deiner Zunge liegt. Aber für scharf gibt es auf der Zunge eigentlich gar keine Geschmacksempfänger.«

»Oh doch«, behauptet Olaf. »Meine Zunge brennt wie Feuer!«

Mama steckt Olaf ein Stückchen Brot in den Mund. »Dass deine Zunge brennt, liegt an einem bestimmten Stoff, dem Capsaicin. Der ist in Chili

enthalten und reizt die Mundschleimhaut. Diese rosa Haut ist besonders empfindlich und reagiert wie bei einer Verbrennung. Dir wird heiß, du schwitzt und bekommst Herzrasen.«

»Stimmt«, nuschelt Olaf mit vollem Mund.

Basti streckt ebenfalls die Zunge raus. So weit, dass er anfängt zu schielen. Basti kann nur die vorderste Spitze seiner Zunge erkennen. Sie ist rosa, und es sind lauter rote Punkte darauf. Basti findet seine Zunge hübsch, wie eine kleine Erdbeere. Jedenfalls viel zu schade, um sie zu verbrennen.

Später beim Essen verteilt Basti vorsichtig einen Tropfen Chilisoße auf jedem seiner Würstchen. Dann beißt er ab. Köstlich, wie der Chili seine Zunge kitzelt.

Aber Olaf will von Chilisoße heute nichts mehr wissen. Zum Glück hat Mama Zitroneneis mit Sahne als Nachtisch vorbereitet.

»Hoffentlich ist dir das nicht zu sauer, Olaf!«, ruft Basti und kichert.

»Ich glaube nicht.« Olaf grinst. »Und wenn doch: Sauer macht lustig!«

  # Warum schenken wir uns bunte Eier zu Ostern?

»Da ist noch eins!«, freut sich Marie und stapft mit ihren Gummistiefeln los in Richtung Beet.

Und tatsächlich! Zwischen Tulpen und Narzissen liegt ein gelbes Ei. Marie hebt es auf und legt es vorsichtig zu den anderen Ostereiern in ihr Körbchen. Ganz viele hat sie schon gefunden: rote, blaue, grüne, orangefarbene und nun auch noch ein gelbes.

»Da war der Osterhase aber fleißig!«, denkt Marie und freut sich.

Plötzlich sieht sie am Gartentörchen einen Schatten vorbeihuschen. Als sie ein zweites Mal hinschaut, ist der Schatten verschwunden.

»Ob das der Osterhase war?«, fragt sie sich leise.

Das Tor ist aus Holz, und Marie ist zu klein, um darüberschauen zu können. Selbst wenn sie sich auf die Zehenspitzen stellt, klappt es nicht. Doch was ist das? Da balanciert ein bunter Schokoladenhase über das Gartentörchen!

Marie rennt hin und reißt das Tor auf.

»Opa!«, ruft Marie. »Was machst du denn da?« Neugierig schaut sie den Gartenweg nach links und rechts hinunter.

»Äh … ich … ich wollte dir Frohe Ostern wünschen«, stottert Opa. »Aber wie es aussieht, bist du viel zu beschäftigt. Nach wem suchst du eigentlich?«

»Nach dem Osterhasen! Beinahe hätte ich ihn beim Eierverstecken gesehen.«

»Ach so«, sagt Opa erleichtert. »Dann kann ich deine Enttäuschung gut verstehen. Zum Trost habe ich dir diesen Osterhasen aus Schokolade mitgebracht.«

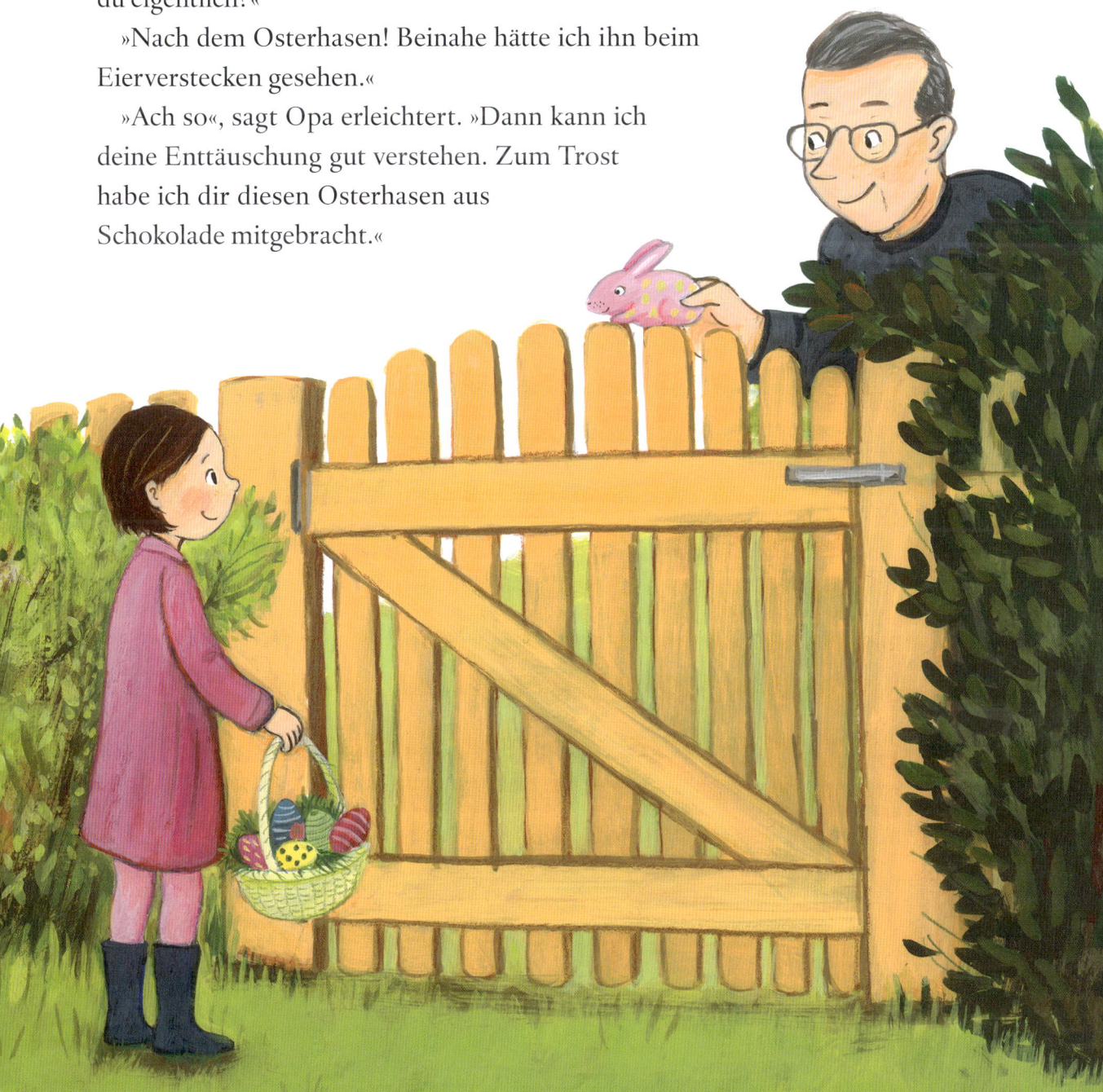

»Danke, Opa!« Marie gibt ihrem Opa einen dicken Kuss. »Sieh mal, so viele Ostereier habe ich im Garten gefunden.« Marie hält ihm stolz das Körbchen mit den bunten Eiern entgegen.

»Alle Achtung!«, ruft Opa und zaubert noch ein pinkfarbenes Osterei aus seiner Jackentasche.

»Wo kommt das denn jetzt her?«, fragt Marie.

»Das habe ich vorhin hier am Gartentor gefunden. Deshalb hatte ich mich gebückt. Und dann bist du gekommen. So, und jetzt freue ich mich aufs Osterfrühstück.«

»Ich mich auch!« Marie legt den Schokoladenosterhasen und Opas pinkfarbenes Ei zu den anderen Eiern ins Körbchen. Mit der freien Hand greift sie Opas Hand. »Ach, Opa, es ist richtig schön, dass du gleich nebenan wohnst.«

»Das finde ich auch«, antwortet er. »Eigentlich könnte ich euch sogar im Schlafanzug besuchen. Ich brauche ja nur durch den Garten zu gehen.«

Marie kichert. »Ein Besuch im Schlafanzug … Das wäre lustig!«

Im Haus hat Mama schon das Frühstück vorbereitet. Der Tisch ist schön gedeckt, die frisch gebackenen Brötchen liegen duftend im Brotkorb, und über allem thront ein Osterstrauß aus Kirschzweigen. Daran hängen ganz viele bunte Eier, die Marie angemalt hat.

»Sieh mal, Mami, wie viele Eier ich gefunden habe!« Marie stellt ihr Körbchen auf den schön gedeckten Tisch.

88

»Super«, sagt Mama. »Genau die haben noch gefehlt.«

»Ich habe einen Riesenhunger!«, ruft Opa und greift nach einem Brötchen.

Damit ist das Osterfrühstück eröffnet. Alles schmeckt richtig lecker. Marie kann sich nur nicht entscheiden, ob sie nun das pinkfarbene Ei essen soll oder doch lieber ein gelbes.

»Warum sind Ostereier eigentlich bunt?«, fragt sie plötzlich.

»Weil wir Ostern das Leben feiern«, sagt Mama.

Das versteht Marie nicht so richtig: »Wie? Das *Leben feiern*?«

»Das Ei ist ein Fruchtbarkeitssymbol, weil daraus neues Leben entsteht«, erklärt Mama. »Und jedes Jahr im Frühling wird in der Natur ganz viel neues Leben geboren.«

»So wie die süßen kleinen Lämmer beim Bauern?«, fragt Marie.

»Ja, genau«, antwortet Mama. »Und all die Kälber und die kleinen Kätzchen …«

»Und die Vögel nicht zu vergessen, die ja aus Eiern schlüpfen«, wirft Opa ein.

»Und die Küken, diese süßen gelben Flauschkugeln!«, ruft Marie.

»Richtig«, sagt Mama. »Und weil wir uns über das viele neue Leben und die erwachende Natur um uns herum freuen, feiern wir das mit bunten Eiern.«

»Dass wir uns zu Ostern bunte Eier schenken, ist nicht nur ein sehr schöner, sondern auch ein sehr alter Brauch, genau genommen aus dem Mittelalter«, sagt Opa und beißt genüsslich ins Eibrötchen.

»Aha«, sagt Mama, die das wohl auch nicht wusste.

Wie gut, dass Opa früher Geschichtslehrer war! Das sind die Leute, die sich mit dem, was früher war, gut auskennen. Kein Wunder, dass Opa jetzt richtig in Fahrt kommt: »Am Gründonnerstag, also an dem Donnerstag vor Ostern, mussten die Bauern früher ihren Lehnsherren – also den Besitzer des Landes, auf dem die Bauern lebten – mit Eiern und Getreide bezahlen. Quasi als Miete oder Pacht.«

»Waren diese Eier auch schon bunt?«, fragt Marie gespannt.

»Ja, damals hat man die Eier zusammen mit Pflanzen gekocht und die Eier so gefärbt. Vor Ostern liegt ja für Christen die Fastenzeit. In dieser Zeit, es sind genau vierzig Tage oder fast sechs Wochen, durften früher keine Eier gegessen werden. Das wurde ganz streng eingehalten. Von daher kam es zu einem riesigen Eierüberschuss. Damit die Eier haltbar blieben, hat man sie gekocht. Um nun zu wissen, aus welcher Woche ein Ei war, färbte man die Eier jede Woche in einer anderen Farbe. Das erreichte man, indem man immer eine andersfarbige Pflanze mit ins Kochwasser tat. Und die Eier, die in der Karwoche gelegt wurden, galten als die kostbarsten und heiligsten. Um sie gut von den anderen Eiern unterscheiden zu können, färbte man diese Eier mit Roter Beete rot.«

»Das ist ja interessant!«, sagt Mama.

»Hinzu kommt noch, dass damals nur wenige Menschen lesen und schreiben konnten. Deshalb ist man später, so im 17. Jahrhundert, auf die Idee gekommen, Zeichen und Symbole auf die Eier zu malen.«

»Was denn für Zeichen?«, fragt Marie.

»Ein Stern stand für Leben und Glück«, erklärt Opa. »Wenn du jemandem Gesundheit und ewige Jugend wünschen wolltest, hast du einen Lebensbaum auf das Ei gemalt. Und wer sich Fruchtbarkeit herbeisehnte, malte eine Sonne.«

Marie ist begeistert. »Das ist eine tolle Idee!«

»Jetzt hätte ich vor lauter Hunger fast ein Ostergeschenk vergessen.«

90

Opa lächelt Mama an und kramt in seiner Jackentasche. Heraus kommt ein kunstvoll bemaltes Osterei. »Frohe Ostern!«, sagt Opa und hält es Mama hin.

Mama strahlt. »Oh, wie schön! Das ist ja ein richtiges Kunstwerk.«

Marie nutzt diesen Moment, um ganz schnell in ihr Zimmer zu verschwinden.

Als sie nach einer Weile zurückkommt, hält sie zwei Eier in der Hand. Opa bekommt das grüne Ei, auf das Marie mit Filzstiften noch schnell einen Baum gemalt hat und ganz viele Sterne drum herum. Und Mama bekommt das pinkfarbene Ei mit einem großen roten Herzen drauf.

Mama und Opa sind außer sich vor Freude.

»Ich habe es wie die Menschen ganz früher gemacht«, sagt Marie, »weil ich doch auch noch nicht schreiben kann.«

Warum bekommen wir Gänsehaut?

Samuel sitzt im Bett und lauscht. Draußen im Wohnzimmer schaltet Papa das Radio aus. Das macht er immer nach den Abendnachrichten, und das bedeutet, dass Mama gleich nach Hause kommt.

Samuel setzt seine Plüschkatze Fritz neben sich und schlägt das Vorlesebuch auf. Er blättert bis zu der Seite, auf der Mama zu lesen anfangen soll. Das Bild zeigt einen dunklen Tannenwald, in dem sich die Räubertochter aus der Geschichte verlaufen hat. Beim Anblick des düsteren Walds stellen sich Samuels Nackenhaare auf, und ein kühles Prickeln läuft über seinen Rücken.

»Herrlich«, sagt Samuel und krault Fritz zwischen den Ohren. »Es gibt nichts Schöneres als Geschichten, die einem kalte Schauer über den Rücken jagen und von denen man so richtig Gänsehaut bekommt. Stimmt's, Fritz? Und die tollste Gänsehaut bekomme ich, wenn Mama vorliest. Wenn sie doch bloß schon hier wäre!«

Draußen klingelt Papas Handy, und Samuel hört, wie er rangeht. Gleich darauf steckt Papa den Kopf durch die Tür. »Mama ist dran, Samuel«, sagt er. »Sie kommt heute später …« Er gibt ihm das Handy.

»Ich stehe im Stau«, erklärt Mama. Sie klingt ziemlich müde und abgehetzt. »Ich komme später, es tut mir leid.«

»Und die Geschichte?«, fragt Samuel. »Wer soll mir weiter vorlesen?«

»Papa liest dir ausnahmsweise vor, okay?«

»Also gut.« Samuel seufzt und drückt die rote Taste.

Papa nimmt das Buch und streicht Samuel übers Haar. »Wo seid ihr denn gestern stehen geblieben?«

»Da, wo die Räubertochter in den Wald geht und die Druden hinter ihr her sind und sie auffressen wollen.«

»Die Druden?«, fragt Papa und zieht erschrocken die Augenbrauen hoch.

»Das sind Nachtgespenster«, erklärt Samuel. »Sie sehen aus wie große Krähen.«

Papa lächelt dünn. »Na, dann lese ich am besten da weiter, wo die Druden wieder weg sind.«

»Nein!«, ruft Samuel. »Das mit den Druden musst du noch mal lesen, sonst bekomme ich keine Gänsehaut.«

»Aber Gänsehaut ist doch nichts Schönes«, meint Papa.

»Ist es wohl!«, sagt Samuel. »Gänsehaut prickelt und kitzelt an den Beinen und kribbelt an den Armen und im Nacken. Und dann rieselt ein kalter Schauer vom Kopf bis zu den Zehen. Und hinterher fühle ich mich angenehm mollig und kann prima einschlafen.«

Papa schüttelt verwirrt den Kopf. »Also, wenn das so ist.«

Und dann liest er vor, wie die Räubertochter den Waldausflug macht und die Druden lautlos durch die Luft fliegen und immer näher kommen.

Samuel lächelt und schließt genießerisch die Augen. Denn gleich kommt der Satz, der ihm die Gänsehaut über den Rücken jagt.

»Wo ist das Menschlein, wo ist es? Komm hervor, dann zerkratzen wir dich …«, liest Papa.

Samuel öffnet erschrocken die Augen. So, wie Papa das vorliest, klingt es überhaupt nicht nach gefährlichen Waldgeistern. Samuel spürt nicht den leisesten Schauer auf dem Rücken, kein Kribbeln an den Beinen und nicht den geringsten Kitzel an den Armen.

»Noch mal, Papa!«, bittet Samuel. »Du musst deine Stimme verstellen. Das muss tief und gefährlich klingen, als würdest du in einen großen Eimer sprechen«, erklärt er.

»Macht Mama das so?«, fragt Papa.

Samuel nickt.

Papa liest die Stelle noch mal mit verstellter Stimme. Aber es klingt trotzdem nicht gefährlich, und Samuel bekommt überhaupt keine Gänsehaut. Nicht mal eine ganz leichte.

»Und wenn wir stattdessen die Stelle lesen, an der die Räuber das große Fest in ihrer Burg feiern?«, schlägt Papa vor.

»Das ist lustig, aber nicht gruselig!«, sagt Samuel.

»Stimmt.« Papa überlegt. »Aber weißt du was? Wenn du durch Vorlesen keine Gänsehaut bekommst, dann könnten wir es mal mit was anderem versuchen.«

»Und womit, bitte schön?«, will Samuel wissen.

»Zum Beispiel mit der Kurbel an der Balkonmarkise. Die ist ganz ver-

rostet und quietscht, wenn man daran dreht. Mir läuft es jedes Mal eiskalt den Rücken runter.«

Papa hat die Balkontür geöffnet und dreht an der Kurbel, die das Sonnendach spannt. Es quietscht und kreischt, und Papa verzieht das Gesicht, als hätte er starke Zahnschmerzen.

»Schau mal da!« Papa setzt sich wieder aufs Bett und zieht die Ärmel seines Hemds hoch. Unzählige kleine Härchen haben sich auf seinen Unterarmen aufgerichtet, und seine Haut ist übersät von Höckerchen. Es sieht fast so aus, als hätte ein Igel seine Stacheln aufgestellt.

»Schade.« Samuel hält seinen Arm daneben. »Ich habe von dem Quietschen gar keine Gänsehaut bekommen.« Er streicht mit dem Zeigefinger über Papas aufgestellte blonde Härchen. »Warum bekommt man überhaupt eine Gänsehaut?«

»Warum Menschen Gänsehaut bekommen, kann unterschiedliche Ursachen haben. Manche Leute bekommen sie, wenn sie bestimmte Geräusche hören – ein Quietschen zum Beispiel, ein Knirschen oder ganz hohe, schrille Töne. Einige bekommen eine Gänsehaut, wenn sie eine bestimmte Melodie hören, und andere, wenn sie kalt duschen oder wenn sie sich fürchten.«

»Und warum kitzelt Gänsehaut so schön?«, will Samuel wissen.

Papa lächelt und streicht über Samuels Unterarm, dass sich die kleinen Härchen darauf aufrichten.

»Menschen haben überall winzige Haare auf ihrer Haut«, erklärt Papa. »Unsere Vorfahren, die Urmenschen, hatten ein dichtes Fell. Und wenn ihnen kalt war, dann stellte sich das Fell auf. Das war praktisch, weil die Luft zwischen den Haaren den Körper warm gehalten hat. Auch wenn die Menschen Angst hatten, standen ihnen die Haare zu Berge. Dadurch erschienen sie imposanter, und ihre Feinde sind vor ihnen erschrocken. Bei Katzen ist das immer noch so. Wenn sie angegriffen werden oder sich bedroht fühlen, sträubt sich ihr Fell.« Papa rubbelt am Plüschfell zwischen Fritz' Ohren. »Siehst du? Mit aufgerichteten Haaren sieht Fritz viel größer aus. Bei echten Katzen ist es ähnlich. So schüchtern sie ihre Feinde ein.«

»Aber Menschen haben doch kein Fell!«, wendet Samuel ein.

»Stimmt. Heute haben wir Menschen kein richtiges Fell mehr. Aber wir haben Haare am Körper, und die richten sich immer noch auf, zum Beispiel wenn es kalt ist oder wenn wir Angst haben. Nerven im Körper sorgen dafür, dass winzig kleine Muskeln an den Haaren ziehen, damit sie sich aufstellen. Das ist ein Reflex. Das bedeutet, dass es ganz von selbst passiert und man nichts dagegen tun kann. Das Aufrichten der Haare kitzelt und prickelt. Gänsehaut nennen wir es deshalb, weil unsere Haut mit all den aufgestellten Haaren so aussieht wie die einer Gans, der man alle Federn ausgerupft hat.«

»Brrrr!« Den Gedanken an eine Gans, der man die Federn ausgerissen hat, findet Samuel ganz schön gruselig. Er spürt, wie es langsam und sachte über seinen Rücken rieselt und an Armen und Beinen kitzelt. Samuel reibt seine Oberarme, so fröstelig ist ihm zumute.

»Pst!«, flüstert Papa. »Hast du das gehört?«

»Was denn?«

»Na, das Rumpeln im Flur!«

Samuel kann sehen, wie sich Papas Haare an den Unterarmen aufstellen. Samuel und Papa halten den Atem an und schauen zur Tür. Knarrende Schritte sind von draußen zu hören. Jetzt prickelt und kitzelt es an Samuels Körper, und auch auf Fritz' Kopf scheinen sich die Haare zu sträuben.

Langsam wird die Tür aufgezogen, und Mama guckt ins Zimmer. »Hallo, ihr zwei«, sagt sie und lächelt. »Der Stau hat sich zum Glück schnell aufgelöst. Soll ich noch was vorlesen?«

»Danke, lieber nicht«, sagt Samuel. »Ich hatte gerade schon eine richtig schlimme Gänsehaut! Ich glaube, jetzt kann ich prima einschlafen.«

Warum macht Seife sauber?

»Fertig!«, ruft Johanna und strahlt über das ganze Gesicht. »Das war die letzte Perle.«

Stolz hält Johanna die bunte Kette in die Luft. Ganze sechzig Holzperlen hat sie auf eine Schnur gereiht. Für jedes Jahr eine. Elias, Johannas kleiner Bruder, greift gleich nach der schönen bunten Kette. »Haben.«

»Nein, die ist für Oma«, sagt Mama, nimmt die Kette in die Hand und verknotet sie. »Oma hat doch heute Geburtstag. Sechzig Jahre wird sie alt. Da wird sie sich aber freuen!«

Johanna hat zwar alle sechzig Perlen aufgereiht, aber wie viel Zeit sechzig Jahre sind, kann sie sich kein bisschen vorstellen.

Nachdenklich nimmt sie die Kette in die Hand und tippt mit dem Finger auf die Stelle, wo die Kette zusammengebunden ist. »Hm, hier ist Oma geboren.« Dann lässt sie ihren Finger zwei Perlen weiter gleiten. »Hier an der gelben Perle ist sie zwei Jahre alt, genau wie Elias.«

Elias klatscht vor Freude in die Hände, als er seinen Namen hört, und quietscht vor Vergnügen.

»Und hier bei der grünen Perle ist Oma sechs Jahre alt, genau wie du jetzt,

Johanna.« Mama zählt weiter: »Sieben, acht, neun …« Ganz lange, bis dreiundzwanzig. »Hier ist Oma Mama geworden.«

»Bist du da geboren?«, fragt Johanna.

Mama nickt. »Und noch mal sieben Perlen weiter, hier an der orangen Perle, ist mein Bruder Mark geboren. Da bin ich gerade in die Schule gekommen.«

»Das ist genau in der Mitte von der Kette!«, stellt Johanna fest.

Beim Wort *Mark* zupft Elias aufgeregt an Mamas Strickjacke. Mark ist nämlich Elias Lieblingsonkel. »Mak, pielen!«, ruft Elias.

»Ja, Elias, mit Mark kann man ganz toll spielen. Bestimmt ist er heute auch bei Oma«, antwortet Mama.

Dass man mit Mark ganz toll spielen kann, findet Johanna allerdings auch. »Eigentlich ist Mark ja viel mehr *mein* Lieblingsonkel, weil ich schon viiiel länger auf der Welt bin als du!«

Elias verzieht das Gesicht und sieht aus, als ob er gleich anfängt zu weinen. Doch zum Glück hält Mama sofort die Perlenkette vor Elias' Nase. »So, nun müssen wir mit dem Finger weit über die Kette wandern, bis zur vierundfünfzigsten Perle.« Mama zählt wieder lange. An einer blauen Perle

bleibt ihr Finger stehen. »Und hier ist meine Mama zum ersten Mal Oma geworden, ihr kleinen Streithähne«, erklärt Mama und tippt mit dem Finger erst auf Johannas und dann auf Elias' Nasenspitze.

»Da bin ich geboren!«, ruft Johanna und freut sich.

»Ja, und vier Kugeln weiter ist dieser kleine Mann hier geboren.« Bei diesen Worten nimmt Mama Elias auf den Arm. »Jetzt müssen wir uns ein bisschen beeilen! Wir packen die Perlenkette schön ein, und dann geht's los. Sonst fängt die Geburtstagsparty ohne uns an.«

»Ich ziehe noch mein Lieblingskleid an. Das mit den Blümchen und der Spitze am Kragen«, sagt Johanna bestimmt. »Für Oma mache ich mich heute richtig schön!«

»Das ist eine gute Idee«, antwortet Mama und nimmt das Kleid gleich aus dem Schrank. »Aber schnell, wir sind spät dran!«

Elias ist es egal, was er anhat. Er möchte nur zu Mark und zappelt schon aufgeregt auf Mamas Arm herum.

Wenig später stehen die drei vor Omas Haustür.

Als Oma öffnet, hält Johanna ihr gleich ein buntes Päckchen entgegen.

»Alles Liebe zum Geburtstag«, sagt Mama.

Das hatte Johanna vor lauter Aufregung doch fast vergessen. Deshalb sagt sie schnell: »Das wünsche ich dir auch, Oma! Sieh mal, ich habe ein Geschenk für dich. Habe ich selbst gemacht.«

»Na, ich bin gespannt. Was da wohl drin ist?«, fragt Oma und schüttelt das Päckchen leicht. Es klackert, und Johanna hat alle Mühe, nicht zu verraten, was es ist.

»Ette!«, ruft Elias, der noch nicht weiß, dass man Überraschungen nicht verraten darf.

Aber Oma tut so, als ob sie nichts gehört hätte. »Kommt doch erst mal rein. Bis auf Mark sind alle schon da.«

Und tatsächlich. Im Wohnzimmer sind eine Menge Leute, die Johanna gar nicht kennt.

»So viel Besuch!«, staunt sie.

»Ja, so ist das, wenn man einen runden Geburtstag feiert«, sagt Oma.

Auf dem ausgezogenen Esszimmertisch steht eine große Erdbeertorte und daneben eine Torte mit einer Sechs und einer Null drauf.

»Bevor wir Kuchen essen, packe ich dein Geschenk aus, Johanna. Ich bin ja schon so gespannt!«

Vorsichtig öffnet Oma das Päckchen. Unter dem bunten Papier kommt eine kleine Schachtel zum Vorschein. Und als sie den Deckel hochhebt, lächelt Oma. »Was für eine schöne Kette! Da sind alle Farben des Sommers drin.«

»Das sind genau sechzig Perlen, Oma«, sagt Johanna stolz. »Für jedes Jahr eine.«

»Was für eine tolle Idee! Diese Kette soll mich immer daran erinnern, wie schön und bunt die vielen Jahre waren.« Oma zieht sich die Kette über ihren Kopf. Dann drückt sie Johanna ganz fest an sich und gibt ihr einen dicken Kuss. »So, und jetzt können wir Kuchen essen!« Oma wischt sich eine Freudenträne von der Wange.

Das lässt Johanna sich nicht zweimal sagen. Sie liebt Erdbeeren nämlich über alles und setzt sich gleich an den schön gedeckten Tisch. Mama setzt sich neben sie und nimmt Elias auf den Schoß. Nun hat Oma alle Hände voll zu tun, den Kuchen zu verteilen. Gerade als sie damit fertig ist, kommt Mark ins Zimmer.

»Mak!«, ruft Elias aufgeregt und springt von Mamas Schoß. Dabei gerät er aus dem Gleichgewicht, stürzt und greift nach der Tischdecke, um sich festzuhalten. Die Tischdecke rutscht ein Stück vom Tisch, und Mama schafft es gerade noch – in letzter Sekunde –, den Teller vor dem Absturz zu retten. Allerdings hatte dieser schon eine deutliche Schräglage, und das Stück Erdbeertorte landet … mitten auf Elias' Kopf. Er erschrickt und fängt zu weinen an. Mama springt auf und will Elias beruhigen. Doch als Elias bemerkt, dass ihm nur die leckere Erdbeertorte auf den Kopf gefallen ist, hört er sofort auf zu weinen und stopft sich alles direkt vom Kopf in den Mund.

»Ist die Torte denn auch lecker?«, fragt Mark und beugt sich zu Elias hinunter.

Der strahlt über beide Ohren und streckt seinem Onkel gleich einen Finger voll Torte entgegen.

»Hmmm, und wie!«, schwärmt Mark, während er den kleinen Finger abschleckt.

»Nicht so viel davon essen«, sagt Mama. »Sonst wird dir schlecht.«

Aber Elias denkt nicht im Traum daran, damit aufzuhören, und schlemmt in aller Seelenruhe weiter. Mama wischt das Gröbste von ihm ab, nimmt ihn auf den Arm und geht mit ihm in Richtung Badezimmer. Elias protestiert lautstark.

Natürlich will Johanna nichts verpassen und läuft hinterher. Als sie ins Bad kommt, liegt ein kleines Häufchen mit Elias' Sachen auf dem Boden. Elias sitzt nackt in der Wanne, und Mama ist gerade dabei, ihn von Kopf bis Fuß einzuseifen. Elias mag das überhaupt nicht und schreit lautstark: »Mak!«

In diesem Moment kommt Mark ins Bad. »Warum schreist du denn so, Elias? Das ist doch nur Seife.«

Da fragt Johanna plötzlich: »Warum macht Seife eigentlich sauber?«

Mark schaut sie erstaunt an. »Das ist eine gute Frage, Johanna. *Tenside* heißt das Zauberwort!«

»Tenside?«, fragt Johanna. »Was ist denn das?«

»Tenside sind klitzekleine Teilchen, die bewirken, dass sich zum Beispiel Fett in Wasser löst. Am besten stellst du dir diese Seifenteilchen als winzige Zauberer vor, die ihre Köpfe gern in Fett stecken. Aber ihre Füße, die haben sie gern im Wasser. Wenn Mama nun Elias einseift, wühlen sich die Seifenzauberer tief in den fettigen Schmutz oder wie hier in die Sahnecreme und halten ihn fest, während die Füße der Zauberer im Waschwasser stecken. Wenn Mama nun Elias abduscht, werden die Zauberer mitsamt den Schmutzteilchen von der Haut gespült. Und am Ende ist das Wasser schmutzig und Elias sauber.«

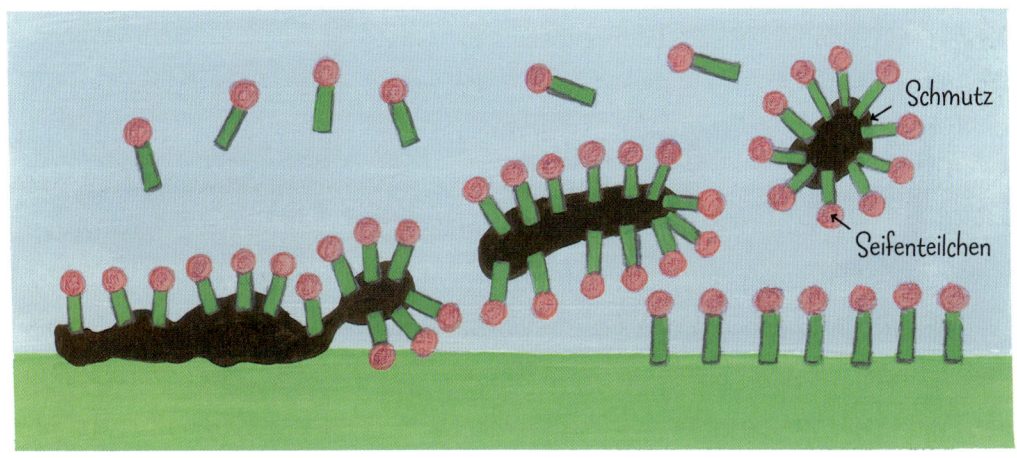

Dann lässt Onkel Mark seine Finger über Elias' Bauch, Beine und Rücken wandern. »Das sind jetzt die kleinen Zauberer, die auf Elias' Haut am Fett ziehen.«

Das kitzelt, und Elias gluckst vor Freude. Mama nutzt die Gunst des Augenblicks und kann Elias ohne Geschrei abduschen.

»Das hast du aber schön erklärt«, sagt sie und lacht. »Du darfst gerne immer zum Baden vorbeikommen!«

»Für irgendetwas muss mein Chemiestudium ja gut sein.«, antwortet Mark und lacht auch.

»Manno!«, ärgert sich Johanna. »Mein schönes Lieblingskleid hat auch einen Fleck.«

»Keine Sorge«, tröstet Onkel Mark. »Die kleinen Zauberer sind nicht nur in Seife, Shampoo und Spülmittel, sondern auch im Waschmittel für die Wäsche. Am besten ziehst du dein Kleid gleich aus, und wir stecken es sofort in die Waschmaschine. Denn je früher man einen Fleck bearbeitet, desto besser lässt er sich entfernen.«

Und schwups, steht Johanna in Unterwäsche da.

In diesem Moment kommt Oma ins Bad. »Da komme ich ja gerade richtig. Zum Glück habe ich noch Schlafanzüge von eurem letzten Besuch hier.«

»Eigentlich wollte ich mich für deinen

Geburtstag richtig schön machen, Oma«, sagt Johanna enttäuscht. »Und nun ist mein Lieblingskleid in der Waschmaschine.«

»Aber das macht doch nichts«, erwidert Oma. »Du hast mir ein so schönes Geschenk gemacht, da ist es ganz egal, was du anhast. Und außerdem wollte ich immer schon mal eine Pyjamaparty machen!«

»Wirklich?«, fragt Johanna.

»Na klar«, antwortet Oma.

»So, jetzt zieht schnell eure Schlafanzüge an, und dann essen wir endlich Kuchen«, sagt Mama. »Ich sterbe vor Hunger!«

»Au ja!«, ruft Johanna und freut sich schon riesig auf ihr Stück Erdbeertorte.

Warum gibt es Arm und Reich?

Svenja und Robin sind zu Friedrichs Geburtstagsparty eingeladen. Außer ihnen sind noch viele andere Kinder da, und auch Willi, Friedrichs Dackel, ist dabei. Es gibt tolle Musik und eine dreistöckige Torte mit Himbeersahnecreme und Smarties obendrauf und dazu Limo und Kakao.

Nach dem Essen hüpfen alle zusammen auf dem großen Trampolin im Garten. Danach machen sie ein Weitwurfspiel mit Holzringen. Das geht wunderbar, weil Friedrichs Garten riesig ist: Es gibt eine Obstwiese, einen kleinen Löschteich mit Schilf drum rum und viele alte Bäume, in denen es sich herrlich klettern lässt.

Als alle müde sind, bringt Friedrichs Papa einen Korb mit drei großen Papierrollen darin.

»Zeit für unsere Schatzsuche«, sagt er. »Seid ihr bereit? Ihr bekommt zu zweit eine Schatzkarte, und die führt euch direkt zu einer Kiste voll Gold. Mal sehen, wer von euch die Schatzkiste zuerst findet.«

Als Erste ist Svenja am Korb und zieht eine Karte heraus. Robin hilft ihr beim Aufrollen.

»Schau mal, hier ist Friedrichs Haus eingezeichnet, und da der Teich. Sogar das Trampolin und die Bäume sind drauf«, meint Robin.

Svenja fährt mit dem Finger die gestrichelte Linie entlang. »Der Weg zum Schatz führt rüber zur alten Eiche. Komm, Robin!«

Die beiden laufen los.

Auch die anderen haben die Karte gelesen und rennen Svenja und Robin hinterher. Ein Geschrei und Gekichere ist das. Natürlich will jeder als Erster beim Schatz sein.

Aber Svenja und Robin sind lange vor den anderen an der Eiche.

»Da hängt ein Zettel mit einem Pfeil!«, ruft Robin aufgeregt. »Der zeigt in Richtung Gartenzaun.«

Svenja hüpft hoch und reißt das Papier herunter. »Den Zettel nehmen wir am besten mit.«

»Aber das ist unfair«, entgegnet Robin. »Ohne den Hinweis können die anderen den Schatz niemals finden.«

»Das sollen sie ja auch nicht.« Svenja grinst und steckt den Zettel ein. »Wenn wir schnell genug sind, gehört das ganze Gold uns beiden alleine!«

Schon sind Svenja und Robin am Gartenzaun. Dort ist wieder ein Zettel befestigt. Diesmal zeigt der Pfeil zum Teich. *Ratsch*, schon hat Svenja den Zettel abgerissen und über den Zaun weggeworfen. »Die anderen haben wir abgehängt. Los, wer als Erster am Teich ist!«

Svenja und Robin flitzen über die Wiese in Richtung Wasser. Aber so gut die beiden sich dort auch umgucken, einen neuen Hinweis können sie nirgends entdecken.

Robin klettert auf den kleinen Hügel am Teichufer und schaut sich noch

mal ganz genau um. »Ein Gebüsch, ein Tipi aus Weidenruten und eine Sandkiste. Wo würdest du hier einen Schatz vergraben?«

Svenja tippt auf ihre Nasenspitze. Das macht sie immer, wenn sie auf der Suche nach einer guten Idee ist. Und schon hat sie eine. »Schau mal, da ist Willi. Der Hund weiß bestimmt, wo der Schatz versteckt ist.«

Und wirklich – der Dackel schnuppert am Gebüsch, hebt kurz sein Bein und rennt dann schnurstracks ins Tipi.

»Nichts wie hinterher!«, ruft Svenja, und schon fliegen sie und Robin den Hügel hinunter.

Keuchend erreichen sie das Tipi in dem Augenblick, als Willi mit den Vorderpfoten in der hintersten Ecke zu buddeln beginnt.

»Weg da, Willi, das ist unser Schatz!« Svenja schubst den kleinen Hund beiseite.

Willi hechelt und guckt interessiert zu, wie Svenja mit beiden Händen das Loch im Sandboden vergrößert, bis eine dunkle Holzkiste zum Vorschein kommt.

»Wir haben den Schatz!«, jubelt Robin.

»Guck dir das an.« Svenja zieht die Schatzkiste heraus und schlägt den Deckel zurück. Es schimmert und glitzert. Die Kiste ist randvoll mit Goldmünzen.

»Wir sind reich! Wir sind reich!« Svenja führt einen wilden Indianertanz auf. »Jetzt kann ich mir endlich ein Schlagzeug kaufen, ein Fußballstadion und ein Rennrad …« Sie wühlt in den kühlen Dukaten.

»Mensch, Svenja«, murmelt Robin. »Das Gold ist nicht echt.« Zum Beweis nimmt er eine Münze und pult sie am Rand auf. »Siehst du, da ist Schokolade drin.«

»Aber um die Schokolade herum ist Gold«, behauptet Svenja.

Robin zieht das Goldpapier von der Münze ab. »Das ist bloß gefärbtes Alu«, sagt er und steckt sich die Schokolade in den Mund. »Nur wenn wir eine Kiste mit echtem Gold hätten, wären wir reich.« Robin schluckt. »Ich würde mir einen Ferrari kaufen und ein Pony. Und für Mama ein neues Cello. Das wünscht sie sich schon lange.«

»Schade, dass ich keine Millionärin bin.« Svenja hockt sich neben die Schatzkiste. »Ich würde mir ein Trampolin und ganz viele Bücher kaufen und die schicksten Kleider tragen. Ich hätte einen Palast am Meer und ein Luxusschiff ganz für mich allein. Woher haben Millionäre eigentlich das ganze Geld?«

Robin setzt sich neben Svenja. »Die meisten Millionäre haben das Geld von ihren Eltern. Sie besitzen Fabriken, Firmen oder Supermarktketten. Und sie haben so viel Geld, dass sie es in ihrem Leben gar nicht ausgeben können.«

»Cool«, sagt Svenja. »Solche Eltern will ich auch. Schade, dass unsere arm sind.«

»Wir sind nicht arm«, erklärt Robin. »Wir haben Geld für eine schöne Wohnung, für ein Auto, und wir können ab und zu in den Urlaub fahren. Manchmal gehen wir sogar in ein Restaurant.« Robin krault Willi an seinem weichen Hundebauch. »Meine Mama sagt, arm sind Leute, die keine Wohnung bezahlen können. Zum Beispiel die Verkäufer der Obdachlosenzeitung vor dem Supermarkt. Die haben oft nicht mal Geld für Essen und nur eine einzige Hose. Viele arme Menschen müssen betteln, oder sie bekommen ein bisschen Geld vom Staat, damit sie nicht verhungern.«

Svenja denkt nach. »Eigentlich sind arme Menschen doppelt arm. Nicht nur, dass sie kein Geld besitzen. Sicher sind sie auch traurig, weil sie nicht ins Kino gehen oder im Fußballverein spielen können, weil das Geld kostet.«

»Stimmt«, sagt Robin. »Kinder von armen Leuten haben es doppelt schwer.«

»Aber warum gibt es Leute, die kein Geld haben?«, fragt Svenja.

Robin überlegt. »Vielleicht hatten einige von ihnen früher mal ein bisschen Geld. Dann sind sie krank geworden und konnten nicht mehr zur Arbeit gehen und ihre Wohnung nicht bezahlen. Dann mussten sie ausziehen, und niemand hat ihnen geholfen.«

»Ja«, meint Svenja. »Und wenn arme Leute Kinder haben, sind die auch arm. Weißt du, was ich glaube?« Svenja sieht Robin an. »Es gibt so viele

Arme, weil die reichen Leute das ganze Geld für sich behalten. Ich fände es gut, wenn die Reichen den Armen etwas abgeben würden.«

»Hallo! Wo seid ihr? Svenja … Robin …«

»Hörst du? Die anderen suchen uns«, flüstert Robin.

»Das wird ja auch Zeit.« Svenja nimmt Willi auf den Arm und drückt ihm einen Kuss zwischen die Ohren. Dann geht sie aus dem Weidentipi und winkt. »He, kommt her! Wir haben den Schatz. Wir wollen mit euch teilen!«

Können Tiere lachen?

»Du bist doof!«, schreit Frieda auf dem Schulhof und gibt Emilio einen Schubs.

Emilio überlegt nicht lange und schubst Frieda zurück. »Selber doof!«

Weil Emilio stärker als Frieda ist, fällt sie hin.

Zum Glück hat Frau Petersen, ihre Klassenlehrerin, heute die Pausenaufsicht und kommt sofort angelaufen. Sie hilft Frieda beim Aufstehen. »Was ist denn hier los? Warum schubst ihr euch?«

»Emilio hat behauptet, dass Susi nicht lachen kann.« Frieda kämpft mit den Tränen.

»Wer ist denn Susi?«, will Frau Petersen wissen.

»Susi ist der Pudel von meiner Oma«, sagt Frieda. »Und der *kann* lachen! Immer wenn ich zu Besuch komme, lacht Susi mich an.«

»So ein Quatsch!«, ruft Emilio. »Hunde können nicht lachen.«

»Doch!« Frieda sieht Emilio wütend an. »Du brauchst nur zu meiner Oma zu kommen, dann wirst du es sehen.«

»Ich finde, das ist eine sehr spannende Frage, ob Tiere lachen können oder nicht. Am besten besprechen wir das gleich in der Klasse, so haben alle etwas davon«, schlägt Frau Petersen vor.

Damit sind die beiden Streithähne einverstanden, und jeder denkt: »Wirst schon sehen. Ich habe recht!«

Als es zum Unterricht klingelt, sind Frieda und

Emilio die Ersten in der Klasse. Die beiden sind doch zu gespannt, wer nun recht hat.

»Heute besprechen wir eine sehr interessante Frage«, sagt Frau Petersen, als sie in die Klasse kommt. »Es geht um die Frage, ob Tiere lachen können.«

Sofort ist es mucksmäuschenstill. Denn das finden alle spannend.

»Klar!« Oskar grinst. »Es gibt ja auch Lachmöwen.«

»Nein«, widerspricht Emilio. »Die heißen nur so, weil sich ihr Schreien oft wie Lachen anhört.«

»Das stimmt so nicht«, korrigiert Frau Petersen. »Der Name kommt daher, dass die Lachmöwen ursprünglich in verschilften Seen und Teichen, also in Wasserlachen, gelebt haben, und hat nichts mit wirklichem Lachen zu tun. Aber bei den Tüpfelhyänen in Afrika ist das anders. Diese Raubtiere geben Laute von sich, die wie aufgeregtes Kichern klingen, deshalb werden sie auch *Lachende Hyänen* genannt.«

Emilio nickt. »Ja, das habe ich im Fernsehen gesehen.«

»Sehr gut«, sagt Frau Petersen. »Dann hast du bestimmt auch gehört, dass die Hyänen diesen Laut nicht aus Freude von sich geben, sondern dass sie sich damit verständigen. Sie können nämlich aus dem *Kichern* heraushören, wie alt eine andere Hyäne ist, ob sie ein Männchen oder ein Weibchen ist und ob sie in der Gruppe hoch angesehen ist oder nicht. Jede Menge Informationen also.«

»Und wer das größte Stück Fleisch von der Beute bekommt«, fügt Emilio hinzu.

»Richtig. Du hast wirklich gut aufgepasst«, antwortet Frau Petersen. »Doch ich glaube, zunächst müssen wir klären, was Lachen überhaupt ist. Wann lacht man denn?«

Frieda überlegt. »Wenn man sich freut.«

»Oder wenn etwas lustig ist«, meint Emilio.

»Wenn einer einen Witz erzählt«, ergänzt Oskar.

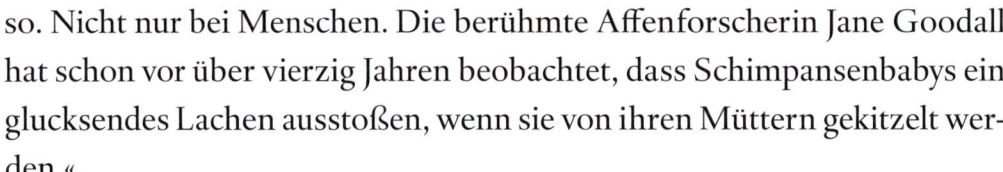

»Genau.« Frau Petersen nickt. »Lachen ist ein Ausdruck von Freude. Und das ist überall auf der Welt so. Nicht nur bei Menschen. Die berühmte Affenforscherin Jane Goodall hat schon vor über vierzig Jahren beobachtet, dass Schimpansenbabys ein glucksendes Lachen ausstoßen, wenn sie von ihren Müttern gekitzelt werden.«

»Wie süß!« Frieda macht eine lange Nase in Emilios Richtung, indem sie ihren Daumen gegen ihre Nasenspitze hält und die Finger spreizt.

»Nun stehen Schimpansen dem Menschen entwicklungsgeschichtlich am nächsten«, erklärt Frau Petersen. »Aber auch andere Menschenaffen reagieren bei einer Kitzelattacke mit fröhlichem Gekicher.«

»Dann kann Susi also doch lachen!«, ruft Frieda.

»Nicht so schnell, Frieda. Wir sprachen gerade von Schimpansen und anderen Menschenaffen, die dem Menschen in ihrer Entwicklung sehr nahestehen. Bei Hunden ist das etwas anders. Wenn sie ihre Zähne zeigen und es aussieht, als ob sie lächeln, dann haben sie das im Zusammenleben mit Menschen gelernt. Meistens machen sie das zur Begrüßung oder um ihre Unterwürfigkeit zu zeigen.«

»Genau«, sagt Frieda. »Immer wenn ich zu Oma komme, lächelt Susi mich an.«

»Ja, manche Hunde tun das, weil sie uns gefallen wollen. Sie ahmen uns nach. Gegenüber Artgenossen, also anderen Hunden, zeigen sie dieses Verhalten nämlich nicht.«

Nun ist es Emilio, der Frieda eine lange Nase entgegenstreckt.

»Und Susi lacht wohl!«, meint Frieda trotzig.

»Weißt du …«, Frau Petersen schaut Frieda freundlich an, »… Susi *lächelt* ja, um dir zu gefallen. Das bedeutet, dass sie dich ganz doll lieb hat. Und das ist viel mehr wert, als wenn sie tatsächlich lachen könnte.«

So hat Frieda die Sache noch gar nicht gesehen. Aber wenn sie darüber nachdenkt, ist das schon toll, egal, ob Susi nun Menschen nachahmt oder nicht. Susi ist auf jeden Fall etwas ganz Besonderes. Denn nicht jeder Hund lacht oder lächelt!

»Wir Menschen und einige Affenarten lachen als Ausdruck von Freude«, erklärt Frau Petersen. »Es gibt aber auch viele andere Möglichkeiten, Freude auszudrücken.«

»Ja, man kann vor Freude in die Hände klatschen«, sagt Frieda und ist nun wieder begeistert bei der Sache.

»Oder vor Freude tanzen. Das mache ich nämlich oft«, meint Aylin.

Frau Petersen nickt und klatscht nun auch vor Freude in die Hände, weil alle so toll mitmachen. »Genau das tun Tiere: Sie äußern ihre Freude oft durch Körpersprache. Hunde wedeln mit dem Schwanz, Kälber und Lämmer springen vergnügt durchs Gras, und Schweine suhlen sich glücklich im Schlamm. All das ist ein Ausdruck von Lebensfreude.«

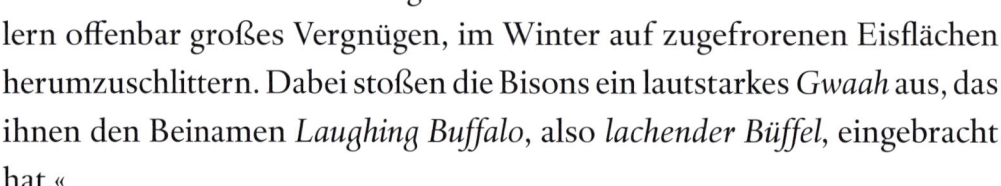

»Mein kleiner Bruder schlägt immer Purzelbäume, wenn er sich freut«, erzählt Oskar.

»Auch amerikanische Bisons geben manchmal Laute von sich, die wie Lachen klingen.« Frau Petersen sieht in die Runde. »Den riesigen Tieren mit dem zotteligen Fell und den gewaltigen Hörnern bereitet es nach Beobachtung von Wissenschaftlern offenbar großes Vergnügen, im Winter auf zugefrorenen Eisflächen herumzuschlittern. Dabei stoßen die Bisons ein lautstarkes *Gwaah* aus, das ihnen den Beinamen *Laughing Buffalo*, also *lachender Büffel*, eingebracht hat.«

Da schnappt sich Oskar Friedas zottelige Strickjacke, die über ihrem

Stuhl hängt, wirft sich diese über und tut so, als ob er über glattes Eis geht. Dabei schreit er laut: »*Gwaah, gwaah.*«

Die ganze Klasse biegt sich vor Lachen.

Und auch Frieda und Emilio ist überhaupt nicht mehr nach Streiten zumute. Beide sind mit Frau Petersens Erklärung sehr zufrieden.

Lachen ist doch einfach zu schön!

Stalagmiten

Warum gibt es Höhlen?

Es ist so heiß im Auto, dass Hannes sich fühlt, als würde er in einem Backofen sitzen. Sein T-Shirt hat er ausgezogen und betupft damit die kleine Schweißpfütze, die sich in seinem Bauchnabel bildet.

»Dauert es noch lange, bis wir da sind? Ich bin gleich zerschmolzen.«

Papa lächelt Hannes im Rückspiegel zu und lenkt das Auto über die Serpentinenstraße höher und höher in die Berge hinein. Links und rechts der Straße erheben sich kahle weiß-graue Felswände, und aus dem wolkenlos blauen Himmel brennt unbarmherzig die Sonne.

»Nein«, sagt Papa. »Gleich sind wir am kältesten Ort in ganz Spanien.«

Hannes schließt die Augen und hält sich den Miniventilator vors Gesicht. Den hat Papa ihm extra für den Urlaub geschenkt. Der Luftzug ist angenehm kühl. Wer hätte ahnen können, dass es in Spanien jeden Tag so heiß ist? Nirgendwo kann man es aushalten: weder in der Hängematte noch am Strand oder im Hotelzimmer. Deshalb hat Papa den Ausflug in die Steinzeithöhle vorgeschlagen. Sie liegt tief unter der Erde, und dort fällt niemals auch nur ein winziger Sonnenstrahl hinein. Papa hat Hannes schon eine Menge über die Höhle erzählt. Tropfsteine gibt es dort, die höher sind als Bäume, und riesige Tierbilder, die Steinzeitmenschen an die Wände gemalt haben.

Die Steinzeitmenschen lebten vor mehreren Zehntausend Jahren. Sie waren Jäger und haben all ihre Werkzeuge aus Steinen gefertigt: Speer- und Pfeilspitzen, Äxte, Nadeln, Messer und vieles mehr. Ihre Kleidung

und Schuhe haben sie aus Fellen und Tierhäuten genäht. Hannes hat heute Nacht geträumt, dass er und Papa auch Steinzeitjäger wären. Sie sind den ganzen Tag durch schattige Wälder gestreift, und abends hat Hannes ein Lagerfeuer gemacht, damit sie den Fisch braten konnten, den Papa im Fluss gefangen hatte.

Krk-krk-krk, macht es. Hannes reißt die Augen auf. »So ein Mist! Die Batterie vom Ventilator ist leer.«

»Macht nichts«, sagt Papa. »Wir sind schon da.«

Er biegt auf den Parkplatz auf dem Felsplateau ein. Hier stehen viele Autos mit offenem Kofferraum, und Touristen kramen darin nach Pullovern, dicken Jacken und Bergschuhen.

»Oh Mann«, stöhnt Hannes. »Muss ich wirklich die Jacke anziehen?«

Papa nickt. »Mitnehmen musst du sie auf jeden Fall. Und die Stirnlampe dürfen wir nicht vergessen. Sonst kannst du das Geheimnis der Höhle nicht entdecken.«

Vom Parkplatz aus geht es über eine Felsentreppe zum Eingang. Der ist so groß wie ein Fußballtor und mit einer Tür aus dicken Eisenstäben gesichert. Hannes steckt den Kopf zwischen den Stäben durch. Muffig und feucht ist es da drin, wie in einem alten Keller. Ein eiskalter Hauch weht Hannes an – er bekommt sofort eine Gänsehaut.

»Bist du bereit zur Erforschung der Höhle?« Papa setzt Hannes die Stirnlampe auf.

»Irgendwie ist die Höhle ganz schön gruselig«, findet Hannes und zieht den Riemen enger, damit die Lampe gut sitzt. »Hatten die Steinzeitmenschen auch solche Lampen?«

»Nein«, erklärt eine junge Frau mit Pferdeschwanz, die sich an Hannes vorbei ans Tor schiebt. »In der Steinzeit gab es kein elektrisches Licht, sondern nur Fackeln.« Die Frau schließt das Tor auf. »Ich bin Christina und mache die Führung durch die Höhle. Gleich werde ich euch alles genau erklären.«

Vorsichtig betritt Hannes hinter Christina die Höhle. Der schwarze Felsboden unter seinen Füßen ist nass und glitschig, und von oben fallen eiskalte Wassertropfen auf seinen Kopf. Papa gibt Hannes seinen Kapuzenpulli, damit er ihn überziehen kann. In der Zwischenzeit verteilt Christina Laternen an die Besucher. Hannes und Papa bekommen zu zweit eine, und dann geht es los.

»Bitte bleibt alle dicht zusammen!«, sagt Christina. »Wir sind lange in der Höhle unterwegs, und wen wir verlieren, der findet ohne fremde Hilfe nicht wieder hinaus.«

Papa gibt Hannes die Hand. Warm und sicher fühlt sie sich an. Durch einen langen Tunnel geht es bergab in einen Raum, der voll ist mit langen Steinzapfen, die von der Decke hängen. Auch aus dem Felsboden wachsen Zapfen empor. Als Christina sie mit ihrem Scheinwerfer anstrahlt, glitzern die Zapfen, als wären sie aus Eis. Herrlich sieht das aus, wie in einem Wald aus Steinsäulen.

»Die Zapfen an der Decke nennen Höhlenforscher Stalaktiten«, erklärt Christina. »Sie entstehen, weil Regenwasser durch die Gesteinsritzen in die Höhle fließt. Bei seiner Reise durch die Gesteinsschichten nimmt das Wasser Kalkteilchen mit. Die kalkhaltigen Wassertropfen bleiben einige Zeit an der Decke hängen. Irgendwann fällt der Wassertropfen runter, aber der Kalk bleibt oben und bildet so nach und nach Tropfsteine. Die Zapfen auf dem Boden heißen Stalagmiten. Wie sie entstehen, kannst du mit Sandmatsch selbst ausprobieren: Lass einfach nassen Matsch durch deine Hand zu Boden fließen. Wenn das Wasser verdunstet, bleiben kleine Türmchen stehen.«

Hannes staunt. An einigen Stellen wachsen die Tropfsteine zusammen und bilden Fenster und Tore zu weiter hinten liegenden, noch größeren Höhlenräumen. Fantastisch sieht das aus, aber auch ein wenig furchterregend.

»Haben die Steinzeitmenschen wirklich hier drin gewohnt?«, will Hannes wissen, als es weitergeht.

»Steinzeitmenschen haben nicht in Höhlen gewohnt, sondern in Zelten aus Tierhäuten«, sagt Christina. »Aber die Höhlen waren wichtige Versammlungsorte. Hier haben sich die Menschen getroffen und einander von ihren Abenteuern berichtet. Und diese Erzählungen haben sie mit Bildern ausgeschmückt. Schau mal da!«

Hannes folgt Christina über einen steilen Weg zum nächsten Höhlenraum. Im Strahl von Christinas Lampe kann er wunderschöne Zeichnungen von Tieren an den Wänden erkennen: eine große Ziege und ein Wildpferd. In einem anderen Höhlenraum entdeckt Hannes Bilder von Auerochsen und, als die Gruppe schon auf dem Rückweg ist, etwas Großes, Silbernes. »Guck mal Papa, da! Ein Fisch. Der, den du heute Nacht in meinem Traum gefangen hast, sah ganz ähnlich aus!«

121

Christina lächelt. »Der Fisch ist eine große Besonderheit. Bilder von Fischen aus der Steinzeit gibt es nur hier. Der Fisch ist sozusagen unser Höhlengeheimnis.«

Hannes fühlt, wie Papa sachte seine Hand drückt. »Gut gemacht. Du hast das Geheimnis der Höhle entdeckt.«

»Aber eines verstehe ich nicht«, meint Hannes, als die Gruppe den Ausgang erreicht. »Wer hat die Höhle eigentlich in den Berg gegraben?«

Papa zeigt Hannes die Tafel neben dem Höhleneingang. Auf der Tafel ist eine Zeichnung des Berges und der Höhle zu sehen. Von oben fließt Regenwasser durch viele kleine Ritzen ins Gestein.

»Wasser hat sehr viel Kraft«, erklärt Papa. »Es kann Baumstämme und Gesteinsbrocken mit sich reißen, und es kann Hohlräume in Felsen waschen. Wenn im Gestein Ritzen sind, dringt dort noch mehr Wasser ein und wäscht die Ritzen zu Tunneln aus. Irgendwann wird eine Höhle daraus. Aber dazu braucht das Wasser Millionen von Jahre, das geht ganz langsam.«

»Gibt es nur im Gebirge so große Höhlen?«, will Hannes wissen.

»Höhlen entstehen da, wo Wasser lösliches Gestein, zum Beispiel Gips und Kalkstein, auswäscht«, sagt Christina. »Oft fließen ganze Bäche oder Flüsse durch das Erdinnere und schwemmen die Lösung weg. Später trocknen die Flüsse aus, und zurück bleiben Höhlen.«

Nachdem sich Hannes und Papa von Christina und den anderen verabschiedet haben, laufen sie zurück zum Auto. Zum Glück ist es mittlerweile kühler geworden, und der Himmel ist mit grauen Schleierwolken bedeckt.

»Gehen wir heute noch an den Strand?«, fragt Hannes, als sie wieder im Auto sitzen. »Ich möchte Tropfsteinsäulen aus Sandmatsch formen.«

»Machen wir«, sagt Papa und lässt den Wagen an. Dann reicht er Hannes eine Postkarte nach hinten. »Die hab ich für dich gekauft. Als Andenken an unseren schönen Ausflug.«

Hannes betrachtet die Karte. Die Steinzeitzeichnung vom silbernen Fisch ist darauf. Hannes schmunzelt. Es ist exakt der gleiche Fisch, den Papa in Hannes' Traum gefangen hat. Da gibt es gar keinen Zweifel.

Geschichtennachweis

Die folgenden Geschichten wurden von Petra Maria Schmitt verfasst:

Warum sind Kakteen stachelig?

Warum gibt es in der Wüste so viel Sand?

Warum glühen Glühwürmchen?

Warum können Knochen manchmal brechen?

Warum fallen die Sterne nicht vom Himmel?

Warum schenken wir uns bunte Eier zu Ostern?

Warum macht Seife sauber?

Können Tiere lachen?

Die folgenden Geschichten wurden von Susanne Orosz verfasst:

Warum leben Meerschweinchen nicht im Meer?

Warum brauchen manche Menschen eine Brille?

Warum gibt es Ebbe und Flut?

Warum funkeln Edelsteine?

Woher kommt das Glück?

Wie funktioniert ein Fernglas?

Warum brennt scharfes Essen im Mund?

Warum bekommen wir Gänsehaut?

Warum gibt es Arm und Reich?

Warum gibt es Höhlen?

Petra Maria Schmitt, geboren 1959 bei Aachen, studierte Sozialpäda-
gogik in Köln. Angeregt durch ihre drei Kinder, begann sie, Geschichten
für Kinder zu schreiben. Mittlerweile ist sie eine erfolgreiche Autorin.
Sie schreibt nicht nur Bücher, sondern auch Geschichten für Hörfunk
und Fernsehen.

Susanne Orosz wurde 1962 in Wien geboren, arbeitete als Autorin fürs
Fernsehen und schreibt Kinder- und Jugendbücher. Sie lebt in der Nähe
von Hamburg, baut eigenes Gemüse an und veranstaltet auf einem Bio-
Bauernhof Führungen für Kinder.

Heike Vogel wurde 1971 geboren. Sie studierte an der Fachhochschule
für Gestaltung in Hamburg und arbeitet seit 1999 als Illustratorin für
verschiedene Verlage. Heike Vogel lebt mit ihrer Familie in Hamburg.